Kaufmann · Suchtvorbeugung in der Praxis

Suchtprobleme in Pädagogik und Therapie
Band 12

Herausgegeben von Wolfgang Heckmann

Inhaltsverzeichnis

Vorwort des Herausgebers (Wolfgang Heckmann) 7

Vorwort 11

1. **Suchtprävention in der Praxis** 13
   1.1 Vorbeugen ist besser... 13
   1.2 Drogenprävention ist nicht genug 16
   1.3 Das fehlende »Stammlokal« 17
   1.4 Zu früh oder zu spät? 19
   1.5 Von der Haltung zur Übung 20
   1.6 Suchtprävention – nur für Fachleute? 23
   1.7 Der Weg und das Ziel 24
   1.8 Das Gießkannenprinzip 27

2. **Ursachenorientierte Suchtprävention** 30
   2.1 Das Suchtursachenmodell 30
   2.2 Das Suchtpräventionsmodell 33
       M1 – Die Suchtmittel 34
       M2 – Der Mensch
       (psychophysische Determinanten) 38
       M3 – Das Milieu
       (gesellschaftliche Determinanten) 42
   2.3 Die suchtpräventiven Lern- und Übungsfelder 51

3. **Die Grenzen der Suchtprävention** 78
   3.1 Die eigenen Grenzen 78
   3.2 Die Grenzen der anderen 80
   3.3 Mitarbeiterbesprechungen / Konferenzen 84
   3.4 Zusammenarbeit mit Eltern 86
   3.5 Zusammenarbeit mit Kindern/Jugendlichen 90
   3.6 Das Kind im Brunnen?
       (Vom Umgang mit Konsumenten) 92

4. Übungen.. 95
   4.1 Übungen zur Selbsterfahrung und Selbsterkenntnis 97
   4.2 Übungen zur Interaktion und Reflexion 140

5. Anhang... 189
   5.1 Die 99 Übungen (Stichwortliste) 189
   5.2 Literatur..................................... 192
   5.3 Adressen 200

Vorwort des Herausgebers

Daß Gesundheit weit mehr sei als die Abwesenheit von Krankheit, sondern das völlige körperliche, geistige, seelische und soziale Wohlbefinden – diese Erkenntnis verdanken wir der weltweiten Gesundheitsbewegung und den definitorischen Bemühungen der Weltgesundheitsorganisation. Für das Gesundsein gibt es also viel zu tun. Moderne Konzepte der Gesundheitsförderung folgen ganzheitlichen Vorstellungen eines gesunden Lebens und setzen die Förderung in vielen Bereichen gleichzeitig an: bei der Ausbildung von Abwehrkräften des Körpers ebenso wie bei der Entwicklung persönlicher und sozialer Kompetenz, bei der Stärkung gegen schädliche Umwelteinflüsse ebenso wie bei der Bewältigung kritischer Lebensereignisse.

Bedauerlicherweise aber erregen einzelne Krankheiten – z.B. die Abhänigkeit von illegalen Drogen, z.B. sexuell übertragbare Infektionen wie HIV/Aids – in der Bevölkerung, in der Medizin und in der Pädagogik so viele Befürchtungen, daß zu gesonderten, von der allgemeinen Gesundheitsförderung abgekoppelten Konzepten gegriffen wird. Zwar gehen von den aus diesen Anlässen entwickelten großen Kampagnen auch wichtige Impulse für die Erziehung und das öffentliche Gesundheitswesen aus, aber in der Regel werden erst einmal alte Fehler der Gesundheitserziehung wiederholt: Man setzt im ersten Schreck, den Katastrophen wie »Drogenwellen« oder »Lustseuchen« auslösen, auf Mechanismen wie Abschreckung oder einfache naturwissenschaftliche Aufklärung. Erst allmählich setzen sich dann die erfolgversprechenderen einstellungs- und verhaltensorientierten Konzepte durch, die in vielen Bereichen der Gesundheitsförderung bereits erfolgreich sind: Aktivierung, Partizipation, Empowerment.

So muß von Zeit zu Zeit auch die Suchtprävention neu erfunden werden. Denn immer wieder zeigen sich in öffentlichen Programmen oder privaten Initiativen Rückfälle in die Steinzeit der »Drogenkunde«, mit der mehr Anregungen zum Konsum riskiert werden als kompetente Abwehr gegen Gefährdungen zu erwarten ist.

Heinz Kaufmann ist einer der sehr frühen Vertreter einer ganzheitlichen Suchtprävention, die auf vier wichtigen Prinzipien beruht:

1. geht es bei der Suchtprävention nicht um die generelle Vermeidung bestimmter Konsumformen oder einzelner Drogensorten, sondern es geht darum, die Ausprägung süchtiger Verhaltensweisen (die auch ohne Suchtstoffe auftreten können) zu verhindern;

2. ist Pädagogik nicht identisch mit Vorbeugung, aber jede pädagogische Arbeit hat auch eine (sucht)präventive Dimension;

3. hat Suchtprävention spezifische Verhaltensweisen und deren Gegenbilder im Blick, setzt also auch an spezifischen Risiken an, stellt aber gleichzeitig den Bezug zu allgemeineren Inhalten einer gesunden Lebensführung her;

4. bedeutet Erziehungsarbeit immer auch Beziehungsarbeit, weshalb die eigene Person derer, die sich in der Suchtprävention engagieren, mit ihren süchtigen Anteilen stets auch Gegenstand der Reflexion und der Veränderung sein muß.

Für die Ausprägung einer an diesem Grundverständnis orientierten Praxis war Westberlin seit Ende der 70er Jahre ein geeigneter Ort. Denn als einzige deutsche Großstand hatte es ein eigenes umfangreiches, mit hohen Investitionen verbundenes Programm zur Suchtprävention entwickelt, das sich besonders auf die außerschulische Jugendarbeit, aber auch auf schulische Programme stützte. Neben dem System der Drogenkontaktlehrer, das schon in den 70er Jahren entstand, ist seit Anfang der 80er Jahre sichergestellt, daß in der schulpraktischen Phase der Lehrerausbildung die Beschäftigung mit dem Thema Sucht und Suchtvorbeugung verpflichtend und recht intensiv ist. Dadurch ist ein großer engagierter Kreis von Fachleuten der Suchtprävention entstanden.

Aus diesem praktischen Zusammenhang bezieht Heinz Kaufmann seine Erfahrungen und Anregungen. Da er selbst als Lehrer und Gestaltpädagoge und in der Lehrerbildung aktiv ist, sind seine Vorschläge nicht vom pädagogischen Alltag abgehoben und nicht experimentell. Vielmehr stehen uns mit seinem Arbeitsbuch vielfach erprobte Übungen und zu Handlungsanweisungen verdichtete Erfahrungen zur Verfügung. Diese für den pädagogischen Alltag der Gesundheitsförderung und ihre spezifischen Variante, der Suchtvorbeugung, nutzbar zu machen ist ein großer Gewinn. Denn dieses Fachgebiet ist zwar heute nicht mehr ganz arm an Publikationen, aber echte Praxisanleitungen finden sich bisher doch nur sehr verstreut oder als graue Literatur.

In diesem Sinne wünsche ich dem Buch viele Leser/innen und Anwender/innen in den pädagogischen Institutionen und unter pädagogisch interessierten Eltern. Sie erhalten damit ein Handwerkszeug, das geeignet ist, die immer noch vorhandene Furcht und Unsicherheit gegenüber Drogen und Suchtverhalten zu vermindern.

Berlin, März 1996　　　　　　　　　　　　　　Wolfgang Heckmann

Vorwort

Das Thema Sucht beschäftigt mich schon seit Beginn meines Studiums 1968. Zu dieser Zeit begann auch, ausgelöst durch Berichte über die amerikanische Hippie- und Flower-Power-Bewegung sowie die Identifikation mit der Studentenbewegung, meine Neugier auf den gesamten Komplex »Drogen«. Zwischen Angst und Faszination, Mitleid und Widerspruchsbedürfnis bewegten sich meine Gefühle, wenn ich etwas über die »neuen« Suchtmittel hörte. Manche Mittel wurden sogar als bewußtseinserweiternd beschrieben, das klang gut. Mein heutiges Verständnis für jugendliches Probier- oder Experimentierverhalten begann sich zu prägen. Gleichzeitig »jobbte« ich als Kellner in Lokalen, in denen ich erleben konnte, welche Formen Alkohol- und/oder Drogenkonsum (Haschisch oder »Berliner Tinke«) bei Jugendlichen annehmen konnte. Ihr Bedürfnis nach Unabhängigkeit ließ einige immer tiefer in Abängigkeit geraten. Mein Bedürfnis, den jungen Menschen frühzeitig helfen zu können, entwickelte sich.

Heute versuche ich teils in der Schule, teils in der Erwachsenenbildung immer noch, Arbeitsformen zu praktizieren, die mir ermöglichen, Menschen in ihrem Unabhängigkeitsbedürfnis zu unterstützen. Hierbei ist mir die Form des Miteinanderarbeitens wichtig. Die Arbeit soll mir und den anderen nach Möglichkeit Spaß machen und immer »sinn«voll sein. Wir sollten in Kontakt miteinander kommen, ohne den Kontakt zu uns selbst zu verlieren. Ein hohes Ziel, gewiß, und es ist nicht immer zu erreichen. Um dem ein Stück näher zu kommen, gibt es aber ein paar Herangehensweisen, die zum Beispiel in der Übungssammlung dieses Arbeitsbuches zu finden sind, praxiserprobt mit Kindern, Jugendlichen und Erwachsenen in der Aus- und Fortbildung.

Viele Praxiserfahrungen konnte ich in der Berliner »Arbeitsgruppe Suchtprophylaxe in der Schule« machen, die beim Berliner Institut für Lehrerfort- und -weiterbildung und Schulentwicklung (BIL) »angesiedelt« ist. Dort erhalten LehrerInnen in Zweitagesseminaren eine Einführung in die Suchtprophylaxe während ihres Refendariats. Alle anderen LehrerInnen können freiwillig einen Fortbildungslehrgang zu unterschiedlichen suchtpräventiven Themenstellungen besuchen. Mein Dank gehört der Leitung dieser Arbeitsgruppe, Anitz Rieck und Klaus Schupp, bei/mit denen ich viel lernen konnte, sowie allen aktuellen und ehemaligen KollegInnen dieser Arbeitsgruppe, besonders Gabi Winde, Regina Brauer und Andreas Engel, mit denen mich viel anstrengende, aber auch sehr erfreuliche Praxiserfahrung verbindet. Zu Dank bin ich auch Wolfgang Heckmann und Peer Kriesel verpflichtet, beide halfen mir, etwas sichtbar zu machen: der eine, der mir ganz selbstverständlich zum Schritt der Veröffentlichung meiner Arbeit riet — der andere, der durch seine Illustrationen den Praxisteil aus humorvoller Sicht eines Schülers »bunter« machte.

Theorie- und Praxisteil des vorliegenden Handbuches sind Ergebnisse aus einem langjährigen Prozeß, in dem sich auch die Suchtprävention befand. Sie wird sich weiterentwickeln, wenn KollegInnen bereit sind, neue Wege auszuprobieren und erprobte Wege weiterzugehen. Dies Buch soll Lust und Mut dazu verstärken.

1. Suchtprävention in der Praxis

1.1. Vorbeugen ist besser ...

Was heißt oder was ist eigentlich Suchtprophylaxe oder Suchtprävention? Ein Unterrichtsprojekt, eine Haltung, ein Prinzip? Etwas Neues auf dem Markt oder etwas Altbekanntes im neuen Gewand? Von allem etwas oder etwas ganz Besonderes?

Nun, Suchtprophylaxe heißt vom Wortinhalt her erst einmal Suchtvorbeugung. »Prophylaxe« läßt Assoziationen mit Gesundheitserziehung entstehen. Im Griechischen bedeutete »prophylax« soviel wie Vorwächter oder Vorposten, das synonym gebrauchte Wort »Prävention« erinnert manche an einem Begriff aus der Technik der Kriegführung. Eine pädagogische Haltung drückt dagegen das Bild des Vorbeugens aus, das im deutschen Sprachgebrauch sehr anschaulich den Kontakt zur anderen Person beschreibt. Der Begriff Prävention (»praeventio« = Zuvorkommen), in dem allerhand Dynamik aber auch Vorausplanung anklingt, ist in der Fachliteratur am häufigsten zu finden.

Die alte Volksweisheit »Vorbeugen ist besser denn heilen« definiert und kommentiert schon den Stellenwert dieser gesellschaftlich wichtigen Haltung und der daraus resultierenden Handlungen. Die Redensart weist darüber hinaus auf die nützliche Abgrenzung des pädagogischen Handelns vom später einsetzenden therapeutisch-medizinischen Handeln.

Diese Trennung wird bei vielen pädagogischen Bemühungen um sogenannte auffällige, schwierige bzw. deviante Kinder und Jugendliche nicht immer klar eingehalten und kann dann, gerade bei intensivstem Kümmern in der Krisenintervention, zu Enttäuschungen und Hilflosigkeitsgefühlen führen.

Manche Autoren differenzieren in diesem Zusammenhang gerne in Primär-, Sekundär- und Tertiärprävention (1. früh einsetzende, langfristige Vorbeugung/2. Hilfe für Gefährdete und Risikogruppen/3. Behandlung und Nachbetreuung von Abhängigen), siehe Bartsch/Knigge-Illner 1987. Diese Unterteilung kann wichtig sein, um die Notwendigkeit von interdisziplinärer Arbeit zu benennen. Für die alltägliche pädagogische Arbeit ist es aber elementar, alle Kinder und Jugendlichen in ihrem Weg zu unabhängigem, nichtsüchtigem Leben zu unterstützen. Dabei ist es zweitrangig, ob die Betreffenden schon einmal Kontakt zu Suchtmitteln gehabt haben oder wir bei ihnen süchtige Verhaltensweisen zu erkennen glauben. Unsere Haltung und unser suchtpräventives Handeln wird in der Arbeit mit Gruppen alle Individuen treffen. Hierbei muß die psychische ebenso wie die soziale Komponente der Förderung Beachtung finden. Die Aufgabe der Suchtprävention ließe sich dann komprimiert so beschreiben:

»Sie soll Kindern und Jugendlichen *förderliche soziale Ressourcen* zur Verfügung stellen und in Kontexten menschlicher Begegnungen einen Beitrag zur *Persönlichkeitsentwicklung* von Kindern und Jugendlichen leisten« (Tossmann 1993). Und ergänzend hierzu: »Suchtvorbeugung in der Jugendarbeit verlangt eine kontinuierliche Förderung von Selbständigkeit und Selbstbewußtsein bei Jugendlichen, eine kreative und engagierte Arbeits- und Lebenseinstellung, die es ermöglicht, längere Durststrecken durchzustehen« (BZgA 1987) und »Suchtvorbeugung ist als ganzheitlicher und lebenslang angelegter Prozeß zu sehen, eingebettet in die Gesamtheitsbemühungen für ein gesundes und sinnvolles Leben in der Gesellschaft, in der das Individuum sich wohlfühlt« (Leibold 1995). Diese umfassende Aufgabe müßte also einerseits in unserer alltäglichen Haltung pädagogisches Prinzip sein, andererseits ließe sie sich durch zahlreichen Ideen, Übungen und Projekte in der jeweiligen Institution mit Inhalten füllen.

Die Bemühungen, Suchtprävention zu leisten, lassen sich zur optischen Verdeutlichung in zwei Bereiche teilen: die *suchtspezifischen Inhalte* und die *suchtunspezifischen Inhalte*. Die positive Wirksamkeit unserer Arbeit in diesen inhaltlichen Bereichen wird sich langfristig strukturell auswirken: auf die *Persönlichkeit* und auf die *Institution*.

Zwei Beispiele hierzu:

1. Die inhaltliche Beschäftigung mit dem funktionellen Charakter von Suchtmitteln (siehe Übung 23, »Die Funktion des Suchtmittels«) oder mit dem Suchtrisikofaktor Schule (Übung 65, »Schule macht süchtig«) schafft mehr Bewußtheit über persönliche bzw. institutionelle Mechanismen und fördert so qualitatives Wachstum.
2. Die Beschäftigung mit der aktuellen persönliche Wertehierarchie (siehe Übung 27, »Wertewandel«) und der gemeinsame Austausch darüber fördert das Selbstvertrauen und die Vertrauensatmosphäre in der Lerngruppe.

Die Trennung in suchtspezifische und suchtunspezifische Inhalte soll nur der Verdeutlichung dienen. Beide Bereiche greifen ineinander über. In der Praxis wird die suchtunspezifische Prävention einen grundlegenden und zeitlich größeren Stellenwert einnehmen als die suchtspezifische Prävention. Die Übungssammlung dieses Handbuches berücksichtigt diese Tatsache, das Wort Sucht taucht relativ selten auf. Vorbeugen ist immer ein lebendiger Prozeß, nie statisch oder punktuell. Vorbeugen heißt so, bildlich gesprochen, sich der Person zuzuneigen. Wer sich beim gebeugten Blick auf die Substanzen konzentriert, verliert aber den Menschen aus dem Blickfeld.

1.2 Drogenprävention ist nicht genug

Wer dies Buch in die Hand nimmt, um sich zu informieren, wie Suchtprävention in der Schule und in der Jugendarbeit praktisch aussehen kann, kennt sicherlich viele Gründe, warum Suchtprävention Bestandteil von Jugendarbeit und Schule sein sollte. Daß aber Suchtprävention darüber hinaus auch als Lebens- und Erziehungsprinzip angesehen und angestrebt werden könnte, ist für manche neu, die bei Sucht sofort an Drogen und Drogentote denken.

Warum der Begriff »Drogen«, der ja so häufig mit dem Begriff »Sucht« assoziiert wird, im folgenden sehr wenig zu finden sein wird, läßt sich am Bild eines Eisberges veranschaulichen.

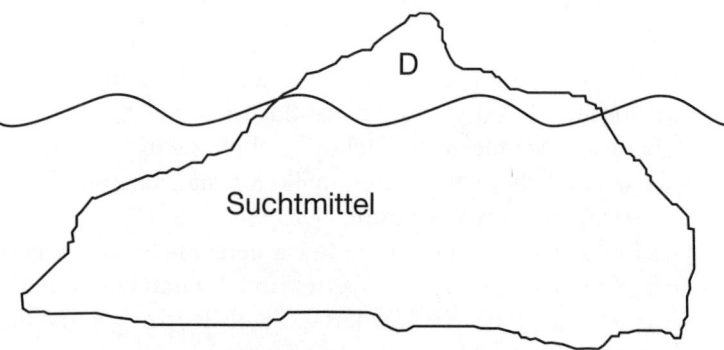

Vom Eisberg »Suchtmittel« ist im Bewußtsein der Bevölkerung häufig nur die Spitze zu sehen: Die Schlagzeilen füllenden »Drogen« (gemeint sind wahrscheinlich Heroin, Kokain oder Haschisch?) nehmen in der breiten Palette der Stoffe, von denen sich der Mensch abhängig machen kann, nur einen Platz unter vielen ein.

Warum wurde in den letzten beiden Jahrzehnten und zum Teil auch heute noch so viel von »Drogencurriculum«, »Drogenaufklärung«, »Drogenerziehung«, »Drogenprävention« geschrieben (Vogt 1978, Feser 1981, Kollehn/Weber 1985, Pädagogik 1989) und gesprochen? Die Fokussierung auf den Drogenbegriff lenkt vom allgemeinen und alltäglich praktizierten legalen

Suchtmittelgebrauch ab und somit auch von der eigenen Person. Es läßt sich leichter über andere und anderes sprechen als über sich selbst. Suchtprävention in der Schule zu leisten heißt aber, an sich selbst, über sich selbst und mit anderen zu lernen. Dabei wird es auch vorkommen, daß eigene Gewohnheiten, Unzulänglichkeiten, »Fehler« oder Abhängigkeiten (z.B. Umgang mit Zigaretten) thematisiert werden. Drogenprävention umfaßt eine pädagogische Intention dabei nur ungenügend.

Anhand von praxiserprobten Übungen können Wege von weiterführenden Lernformen nachvollzogen, modifiziert und ausprobiert werden. Dieses Buch soll die wenigen Publikationen ergänzen, die nicht den »Stoff« zum Thema machen, sondern den Menschen.

1.3 Das fehlende »Stammlokal«

Menschen, die sich immer wieder in gewohnter Umgebung treffen wollen, um Zeit miteinander zu verbringen, treffen sich gerne in ihrem Stammlokal. Unterstützt werden solche Zusammenkünfte stets von Ritualen, z. B. Trink- und anderen Gewohnheiten. Nicht jedem bekommen diese Gewohnheiten, nicht für alle Zusammentreffen benötigen wir denselben Standort ...

Grundlegend für das Gelingen eines Zusammentreffens ist jedoch immer eine gute Atmosphäre. Gibt es die auch, wenn wir aus professionellen Gründen mit Kindern, Jugendlichen oder Erwachsenen zusammentreffen? Oft wird das Fehlen eines angemessenen Rahmens beklagt. Wo also könnte Suchtprävention sinnvoll stattfinden?

Die banale Antwort: »in der Schule«, »in der Kinder-/Jugendarbeit« oder »in der Erwachsenenbildung«, wie dies zum Teil im Untertitel des Buches schon angekündigt wird, möchte ich etwas differenzieren.

Natürlich sind Schule, Jugendarbeit oder auch indirekt Fortbildungsveranstaltungen unter anderen (Familie, Kindergarten, Projekte mit KünstlerInnen, Massenkommunikation ...) ein

Ort für Suchtprävention. Aber schon im Gespräch mit Lehrerinnen und Lehrern in Ausbildung und Fortbildung höre ich Fragen wie:»Kann man denn im Matheunterricht Suchtprävention betreiben?« oder »Manche Spiele und Übungen kann ich vielleicht mal auf einer Klassenreise machen, aber wie im Englischunterricht?«

Auf meinen Hinweis, daß sich Suchtprävention gut in den Mathematik- oder Englischunterricht integrieren ließe, herrscht oft erst einmal Ratlosigkeit oder Ungläubigkeit. Einige Kolleginnen oder Kollegen haben aber, wenn sie sich auf die Fragestellung einlassen, schon eine Ahnung oder Idee (siehe Übung. 6). Viele dieser Ideen sind im Übungsteil dieses Buches festgehalten. Das schriftliche Fixieren solcher Ideen impliziert allerdings einen Widerspruch, der auf zwei Schwachstellen solcher Übungssammlungen hinweist. Erstens finden Ideen im Kopf statt, sie sind etwas spezifisch Lebendiges und Subjektives. Für sie paßt das Bild der »Offenen Gestalt«. Wenn sie in eine Form gepreßt, also niedergeschrieben werden, verlieren sie ihre Dynamik und sind daher immer nur bedingt übertragbar. Zweitens erwächst die Dynamik von Übungen nicht durch das Lesen oder Imaginieren, sondern erst durch das Ausprobieren und Miterleben.

Ich habe bei der Zusammenstellung der Übungen deswegen keinen Hinweis auf Unterrichtsfächer, Klassenstufen oder andere Kontexte gegeben, differenziere allerdings aufgrund meiner persönlichen Praxiserfahrungen nach den Zielgruppen Kinder (Grundschule, evtl. auch Vorschule), Jugendliche (ca.12–17 J.) und Erwachsene bzw. PädagogInnen. Als *Handlungsfelder* bieten sich natürlich Unterricht, Erziehung, Jugendarbeit und Pädagogische Fortbildung an, als Gestaltungsfelder die Institutionen Schule, Hort, Kirche, Freizeiteinrichtungen und Jugendbildungsstätten.

Die Leserinnen und Leser sind eingeladen, die Übungen zu modifizieren, passend zu machen für sich, die besondere Situation, die Jugend-/Lerngruppe, das Unterrichtsfach, die Ziele, den Ort …

Somit kann Suchtprävention gut auf ein »Stammlokal« verzichten. Wenn Suchtprävention als Prinzip in die professionelle Arbeit integriert wird, dann ist sie auch nicht an bestimmte Zeiten, Orte oder Rituale gebunden. Und nach Bedarf können sogar die »Öffnungszeiten« verlängert werden.

1.4 Zu früh oder zu spät?

Wann sollte suchtpräventive Erziehung anfangen? Die Abwandlung einer bekannten Redensart gibt einen Hinweis: »Es ist nie zu früh, aber manchmal zu spät.« Sehen wir uns die zwei Teile dieses anscheinend banalen Satzes genauer an.

Zu spät: Suchtprävention wird zu spät ansetzen, wenn Menschen süchtig geworden sind, jedoch ist wiederholter Suchtmittelgebrauch nicht mit Sucht gleichzusetzen (diese Gleichsetzung wird aber gerne in den Medien und in der Erziehung als Abschreckungsstrategie benutzt).

Unsere pädagogischen Grenzen sollten uns im Falle eines professionellen Kontaktes mit Süchtigen bewußt sein. Bei Sucht ist primär Therapie gefordert und nicht Pädagogik. Es kann allerdings für PädagogInnen interessant und sinnvoll sein, sich über Suchttherapieinhalte zu informieren. In ihrer Therapie lernen die Süchtigen soziale Verhaltensweisen und erfahren psychische Stabilisierung. Schule und Jugendarbeit lassen in beiden Lernbereichen Defizite erkennen. Suchtprävention kann aber nur dann erfolgreich sein, wenn diese beiden »Säulen« in der Erziehung, die soziale und die psychophysische, beachtet und gestärkt werden.

Ein »Zu früh« kann es in der Suchtprävention nicht geben. Fragt man im Kollegenkreis, wann Suchtprävention in der Praxis beginnen sollte, so werden häufig die Grundschule oder gar die Oberschule genannt. Bei Elternabenden wird das Thema, wenn überhaupt, in der 8. oder 9. Jahrgangsstufe behandelt; meist steht dabei allerdings eine diffuse Angst vor dem Phänomen »Drogen« im Vordergrund. Süchtige Tendenzen und Verhaltensweisen können wir aber schon im Kindergarten oder in der Vor- bzw. Grundschule beobachten (Umgang mit Süßigkeiten, Essen, ...).

Suchtprävention als Bereich der Gesundheitserziehung beinhaltet das Angebot einer gesunden Ernährung und verantwortungsvollen Umgangs mit oder der Meidung von Suchtmitteln ebenso wie auch die Hilfe zur psychischen Stabilisierung. Praktische Schritte dazu lassen sich von Familienangehörigen nicht erst mit dem Tag der Geburt eines Kindes einleiten.

Der Gedanke daran, daß wir ja auch die zukünftigen Mütter und Väter pädagogisch beeinflussen, führt uns von Fragen der (eigenen) Vorbildfunktion bis hin bzw. zurück zur pränatalen Gesundheitserziehung. Hierzu gehören Reflexionen über den Umgang mit Nikotin und Alkohol ebenso wie die Bedingungen für psychophysisches Wohlbefinden in der Schwangerschaft. An diesen Themenbereichen sind Jugendliche schon sehr interessiert. Die Übung 43 (»Mein Kind dürfte...«) könnte z.b. gut als Einstieg zur Beschäftigung mit dieser Thematik dienen. Per Identifikation mit späterem Rollenverhalten gelangen die Jugendlichen zur aktuellen Selbstreflexion und somit auch eher zu Einstellungsänderungen gegenüber Suchtmitteln.

1.5 Von der Haltung zur Übung

Wie kann Suchtprävention in Schule oder Jugendarbeit aussehen? Es gibt keine Suchtprävention »auf Knopfdruck«, und sie beginnt auch nicht mit dem berühmten »pädagogischen Zeigefinger« oder der Anleitung zu einer Übung. Wer diese Zeilen liest, wird wahrscheinlich schon Suchtprävention im pädagogischen Alltag praktizieren. Sie läßt sich nicht mit dem Pausenklingeln initiieren oder beenden, sondern wird sich eher wie ein roter Faden durch die Pädagogik ziehen.

Suchtprävention als pädagogisches Prinzip läßt sich in drei Bereiche untergliedern, die, aufeinander aufbauend, eng miteinander zusammenhängen sollten:

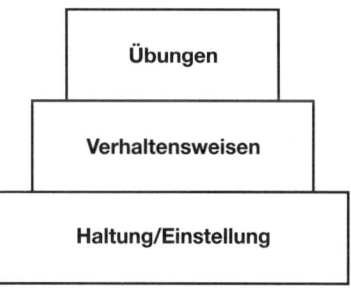

Falls einer dieser Bereiche zuwenig beachtet oder bedacht wird, dann kann Suchtprävention nicht so effektiv stattfinden. Anhand einiger Beispiele möchte ich die drei Ebenen etwas illustrieren.

Haltung: Wenn ich mir als Pädagoge oder Pädagogin meiner Wertungen und Werte und der daraus folgenden Haltungen und Positionen bewußt bin, kann ich den Schülerinnen und Schülern ein eindeutiges Lernmodell sein. Damit bin ich nützlich und wichtig für deren Orientierungsbedürfnisse. Die Frage, ob z.B. eine rauchende Lehrerin suchtpräventiv wirkungsvoll sein kann, läßt sich positiv beantworten: Ja, wenn sie fähig ist, ihre Haltung gegenüber dem eigenen Suchtmittelgebrauch kritisch zu reflektieren und in angemessener Weise den Schülerinnen und Schülern zu problematisieren. Hiermit sind wir schon auf der Ebene der

Verhaltensweisen: Wenn ich über mich sprechen kann, erleichtere ich es anderen, über sich zu sprechen. Eine Atmosphäre von Offenheit und Vertrauen läßt sich schaffen, wenn wir es wollen und bereit sind, dafür zu arbeiten. Zu den pädagogisch wirksamen Verhaltensweisen gehört alles, was wir den Kindern und Jugendlichen (von uns) zeigen: z. B. Gefühle wie Freude und Ärger ebenso wie Lob und Kritik, wenn wir akzeptierendes oder konsequentes Verhalten zeigen. Auch wenn wir uns dessen nicht immer bewußt sind – wir stellen in unserer Erziehungsarbeit positive oder negative Vorbilder dar (siehe hierzu die Übung 62, »Lehrer, die wir hatten«).

Übungen: Suchtprävention zu praktizieren kann also nicht mit suchtpräventiven Übungen allein geschehen. Das bloße Aneinanderreihen und Durchführen von vorformulierten Übungen und Spielen hat keinen großen Wert, erreicht vielleicht sogar bei Jugendlichen das Gegenteil (»Heute gibt«s wieder Suchtprävention«). Die Übungen sind also nur im Kontext mit den eigenen alltäglichen Haltungen und Verhaltensweisen zu sehen. Dieser Kontext impliziert neben der inhaltlichen Ebene auch die Beziehungsebene. Die Beziehung zwischen Lehrenden und Lernenden sowie die Beziehungen der Lernenden untereinander sind in einem »Netz« verbunden, das nicht immer mit dickstem Faden geknüpft ist. Manchmal scheitern die bestgemeinten Intentionen an nicht vorhergesehenen Konstellationen oder Konditionen der jeweiligen Gruppe. Dann ist es besser, auf Übungen zu verzichten und auf der Basis von Begegnung und Gesprächen Vertrauen herzustellen, das an anderer Stelle wieder benötigt werden könnte.

Bei der Modifizierung der Übungen sollten die Fähigkeiten und Befindlichkeiten (Unsicherheit, Lust, Mut, Neugier …) der Lehrenden und Lernenden bedacht werden. Dieselbe Übung kann bei unterschiedlicher Kommunikations- oder Lernatmosphäre gut oder nur sehr mäßig gelingen.

Manche Übungen können sich als pädagogische »Highlights«, Klassenfahrts- oder Vertretungsstundenknüller erweisen, aber es gibt nun mal keine Pädagogik mit Garantieschein zum Erfolg. Eine gelungene Übung kann uns darin bestärken, den beschrittenen Weg weiterzugehen, die nächsten Klippen im pädagogischen Alltag werden jedoch wieder ein hohes Maß an suchtpräventiver Handlungskompetenz verlangen. Hierzu bedarf es aber nicht ausgeklügelter Techniken, sondern oftmals nur der Bereitschaft, kleine Schritte zu gehen. Manchmal zeigt ein zugewandtes Lächeln mehr Vertrauenswirkung als die wiederholt formulierte Bereitschaft, auf Probleme einzugehen. Manchmal hilft ein unterstützendes Wort mehr als eine detaillierte Sachinformation. Manchmal ist eine kurze Übung aber auch sinnvoller als eine lange Diskussion.

1.6 Suchtprävention – nur für Fachleute?

Wer könnte und sollte Suchtprävention in Schule und Jugendarbeit praktizieren? Eine sinnvolle Antwort könnte heißen: »Jede(r) in Schule und Jugendarbeit Tätige ist für suchtpräventive Erziehung zuständig.« In jeder Gesellschaft gibt es aber doch für jedes Gebiet Spezialisten. Wir können doch nicht für alles zuständig sein? Läßt sich dieser Widerspruch lösen?

Als ich die erstgenannte Frage einmal einem großen Kreis von Lehrerinnen und Lehrern stellte und sie schriftlich beantworten ließ, erhielt ich als Ergebnis eine Sammlung von Einzelnennungen: Biologielehrer, Klassenlehrer, Vertrauenslehrer, Drogenkontaktlehrer (incl. -innen); es wurde aber auch von einigen festgestellt, daß wir alle für Suchtprävention verantwortlich sein sollten.

Bemerkenswert ist die Tatsache, daß die Frage nach Verantwortlichkeit sehr oft mit dem Ruf nach kompetenten Spezialisten beantwortet wird. Spezialisten können aber in der Suchtprävention sehr leicht eine Alibifunktion erhalten. Wenn es bereits ernannte und kompetente Ansprechpartner gibt, kann der/die einzelne die Verantwortung ja leichteren Gewissens abgeben. Gerade im schulischen Bereich, wo die Kinder und Jugendlichen mit einer größeren Zahl von Kontaktpersonen konfrontiert sind, ist aber die Chance sehr groß, einen Ansprechpartner oder eine -partnerin des Vertrauens zu wählen bzw. zu finden. Diese Person hat durch ihren Vertrauensbonus per se eine gewichtigere Position als jeder noch so gut fortgebildete offizielle Funktionsträger.

Der Trugschluß, daß fehlendes Wissen über die Wirkungsweisen von Suchtmitteln gleichzusetzen sei mit mangelnder Kompetenz, findet immer noch weite Verbreitung in den Einstellungen von PädagogInnen. Suchtpräventive Kompetenz ist aber nicht zu erlangen, indem pharmakologisches, medizinisches oder suchtspezifisches Wissen akkumuliert wird. Eher erforderlich sind Fähigkeiten von Selbstwahrnehmung, Kontaktfähigkeit, Konfliktfähigkeit und Gespächsführung. Im pädagogischen

Alltag müssen wir nämlich alle als Spezialisten für die vielfältigen Ansprüche und Verhaltensweisen der Kinder und Jugendlichen tätig werden bzw. existent sein. Diese Forderung kann – verständlicherweise – bei manchen PädagogInnen ein Gefühl von Verunsicherung oder Überforderung auslösen. Hier sei die Teilnahme an Fortbildungsveranstaltungen zur Suchtprävention empfohlen, sofern diese praxis-, also handlungsorientiert sind und nicht nur Informations- und Diskussionscharakter haben.

Zu Fachleuten für Suchtprävention können wir uns machen, wenn wir bereit sind, Selbstreflexion und Interaktion als miteinander korrespondierende Elemente unserer eigenen Weiterentwicklung und Fortbildung zu integrieren. Dazu ist eine praktische Auseinandersetzung mit Übungen in verschiedenen Lernfeldern empfehlenswert. Die jeweilige Auswahl der Übung sollte aber mit den Frage beginnen: Was kann ich mir zumuten?/Was kann ich meinen Kindern bzw. Jugendlichen zumuten?/Was will ich erreichen?

Wer zur Überzeugung kommt, einzelne der vorgestellten Übungen seien nur Spielerei oder – im Gegenteil – gefährlich für Lernende oder Lehrende, dem empfehle ich, gut auszusortieren, um Schaden zu vermeiden. Wer aber denkt, eine Reihe von Übungen paßten gut in das eigene Konzept von Suchtprävention, dem sei viel Erfolg, Freude und das Erlebnis von intensivem Kontakt gewünscht. Wahrscheinlich läßt dann auch die Durchführung in der Praxis für beide Gruppen ein Gefühl persönlich bedeutsamem Lehrens und Lernens entstehen.

1.7 Der Weg und das Ziel

Wohin soll Suchtprävention in Schule und Jugendarbeit führen, welches Ziel bzw. welche Ziele werden angestrebt?

Die Antwort kann knapp und logisch (tautologisch?) gegeben werden: »Suchtprävention soll Sucht verhindern helfen«, wirft aber neue Fragen auf, wenn wir uns mit den oft synonym gebrauchten Begriffen näher beschäftigen.

Wer definiert (für uns) den Begriff Sucht? Wie definieren wir selbst Sucht, Abhängigkeit, süchtige Verhaltensweisen (vgl. hierzu Übung. 56, »Suchtentwicklung«)? Die jeweiligen Definitionen von Sucht sind immer im Zusammenhang mit denjenigen zu sehen, die sie benutzen, und spiegeln deren Erfahrungen, Interessen und Bewertungspositionen wider. Die positionsbedingten und oft emotionsgeladenen Argumente, wann bestimmte Verhaltensweisen zur Sucht erklärt werden, erreichen eine große Bandbreite: Regelmäßiger oder auch periodischer »Genuß« von Alkohol wird von manchen ebenso zur Sucht erklärt wie übermäßiges Arbeiten oder das exzessive Glücksspiel. Therapeuten, Ärzte, Krankenkassen, Betroffene oder die Angehörigen von Süchtigen werden beim gleichen Erscheinungsbild zu unterschiedlichen Einschätzungen kommen; gewarnt wird vor Verharmlosung ebenso wie vor einer »Versüchtelung«. Wohin sollten also unsere suchtpräventiven Bemühungen führen, wenn die Gefahr der Beeinträchtigung von psychischer, physischer und sozialer Gesundheit des Individuums so unterschiedlich eingeschätzt werden kann?

Ist es etwa besser, bei der Fragestellung nach der Zielrichtung von Suchtprävention die gesundheitliche Schadensvermeidung anzustreben, vergleichbar dem Ziel der Aidsprävention? Wenn in der Aidsprävention die Benutzung von Kondomen propagiert wird, sollten wir vielleicht so etwas wie »safer« Suchtmittelkonsum als Erziehungsziel formulieren? Oder halten wir es wie die Kultusministerkonferenz, die 1990 als Ziel die »totale Abstinenz im Hinblick auf illegale Drogen« und die »weitgehende Abstinenz« in Umgang mit legalen Suchtmitteln forderte? Der Konsens über die Ziele der Suchtprävention (in Hinblick auf Abstinenz) scheint sich momentan speziell in der Jugend- und Sozialarbeit aufzulösen. Die »Schere« zwischen resignierendem oder realistischem Akzeptieren von Suchtmittelkonsum als gesellschaftlicher Normalität auf der einen Seite und der Abstinenzforderung auf der anderen ist weiter geöffnet denn je (siehe hierzu Witte 1994). Der gemeinsame Schnittpunkt ist aber allenthalben die Unterstützung der jungen Menschen, *in Un-Abhängigkeit leben* zu können. Ist aber Unabhängigkeit meßbar?

Wir können die Fragen nur für uns selbst beantworten. Dazu müssen wir uns aber über unsere eigenen Positionen und Werte im klaren sein (siehe hierzu die Übung 47, »Die Stuhlreihe«, oder 12, »Suchtprävention ist ...«). Diese überschneiden bzw. unterscheiden sich sicherlich mit bzw. von denen der uns anvertrauten Kinder und Jugendlichen, die Kenntnis der Differenzen ist als Basis für gegenseitiges Verstehen aber dringend notwendig (siehe hierzu z.b. Übung 63, »Was fehlt meinen Schülern/Jugendlichen?«).

Doch »man muß nicht Abhängige und ihre Probleme studiert haben, um Suchtprävention leisten zu können, sondern Jugendliche ...« (Penkert 1992, S.12). Gelegenheit dazu haben wir täglich. Die Be(ob)achtung von Kindern und Jugendlichen könnte uns einen suchtpräventiven Weg weisen. Wenn wir die Bedürfnisse der Kinder und Jugendlichen wahrnehmen können, ihre Neugier und Sehnsucht, ihre Konflikte und Freuden, erkennen wir die Richtung des Weges. Wenn wir unsere eigenen Schwächen und Stärken kennen und uns Zeit nehmen, die Schwächen und Stärken der Kinder und Jugendlichen kennenzulernen, wissen wir vielleicht, welche Arbeit auf uns wartet. Sie wird manchmal schwierig und nicht immer von sichtbarem Erfolg gekrönt sein. Die vielfältigen Übungen in diesem Buch werden die Orientierung in der suchtpräventiven Arbeit anhand von konkreten Themen durch *Selbsterkenntnis* und *Interaktionen* erleichtern und immer wieder *un-abhängiges Verhalten* unterstützen. Der Weg dorthin kann mit all seinen Abzweigungen oder Umwegen spannend, konfliktvoll, lustig oder erhellend sein, aber auch nachdenklich, kreativ und stark machend. Stationen auf diesem Weg, auf denen es sich aufzuhalten lohnt, könnten heißen: Spaß, Genuß, Aktion, Verantwortung, Problemlösung, Kooperation, Werteklärung, Vergleich, Rückschau, Voraussicht, Arbeit, Entwicklung, Selbstwert. Passend dazu gibt es einen asiatischem Sinnspruch, der genau an diese Praxis anknüpft: »*Der Weg ist das Ziel.*«

1.8 Das Gießkannenprinzip

Erziehung, Lehre oder Jugendarbeit finden immer zielgruppenorientiert statt. Dies müßte auch für die Suchtprävention gelten. Wir haben es aber meist mit extrem heterogenen Gruppen zu tun und können nicht allen gerecht werden. Präventive Einzelmaßnahmen sind von vornherein zum Scheitern verurteilt, da ihnen neben der Kontinuität die Berücksichtigung der unterschiedlichen Erfahrungshintergründe der Jugendlichen fehlt. Interventionsmaßnahmen (!) führten z.b. bei Suchtmittelkonsumenten zu einem nicht erwünschten Bumerangeffekt, sie erhöhten noch ihren Konsum (siehe hierzu die Expertise der BZgA 1994). Der Blick allein auf sogenannte gefährdete Kinder und Jugendliche ist also unzulänglich. Wem sollten wir also in der Suchtprävention unsere Aufmerksamkeit schenken?

Ein bedeutsamer Teil der Entwicklungsaufgaben, die Kinder und Jugendliche zu bewältigen haben, ist neben anderen die Suche nach Identität, d.h. mit anderen Worten, sie suchen in ihrer Welt nach *Orientierung*. Wir begleiten und unterstützen diese gewollt oder ungewollt im alltäglichen pädagogischen Kontakt. Die Identität der Kinder und Jugendlichen ist jeweils abhängig von deren psychophysischem und sozialem Entwicklungsstand, die wichtigsten Aufgaben, die sie zu lösen haben, sind nach Oerter/Montada (1987) und Kindermann (1991):

das Akzeptieren der eigenen körperlichen Erscheinung,
der Erwerb der Geschlechtsrolle,
das Erringen einer Position in der Peer-group,
die emotionale Ablösung vom Elternhaus,
der Entwurf einer eigenen Berufs- bzw. Zukunftsperspektive,
der Aufbau eines eigenen Wertesystems,
die Entwicklung von Ich-Bewußtsein,
die Auseinandersetzung mit dem Sinn des Lebens,
die Entwicklung einer Haltung zum Umgang mit Suchtmitteln.

(Siehe hierzu auch BZgA 1994, Kastner/Silbereisen 1998 und bei tiefer gehendem Interesse das Entwicklungspsychologielehrbuch von Oerter/Montada, 1987).

Alle 99 Übungen berücksichtigen diese Entwicklungsaufgaben und nehmen thematisch auf sie Bezug. Bevor wir als Professionelle an die Auswahl von Übungen gehen und Entscheidungen treffen, sie in unsere Praxisarbeit zu integrieren, ist eine allgemeine bzw. individuelle Analyse der psychischen, physischen und sozialen Bedingungen der Lerngruppe notwendig. Im einzelnen wird diese Analyse sehr oft und auch gut intuitiv getroffen, nach dem Motto: »Das könnte passen.« Ebenso wichtig ist aber die Wahrnehmung der aktuellen Befindlichkeit unserer Klientel mit Hilfe der Fragestellung: »Was geht in den Mädchen und Jungen eigentlich gerade vor?« (Siehe hierzu z.B. die Übungen 3, »Blitzlicht«, oder 42, »Jetzt-Sätze«.)

In den Institutionen von Schule und Jugendarbeit begleiten wir die Kinder und Jugendlichen bei ihrem schon in frühester Kindheit begonnenen Weg zwischen den Polen Abhängigkeit und Autonomie. In ihrem Entwicklungs- und Wachstumsprozeß und der Bewältigung der alltägliche Lebensanforderungen werden Defizite, Schwächen, Krisen oder Wendepunkte sichtbar, aber auch Stärken oder Interessen. Nicht alle Schwierigkeiten und Schwächen führen einen jungen Menschen zu Suchtmitteln, aber jeder Suchtmittelabhängige hat viele Erfahrungen mit Schwächen oder Schwierigkeiten in seiner Entwicklung zur Sucht gemacht. Suchtprävention darf also nicht als Programm für punktuelle oder permanente Krisenintervention angesehen werden (vgl. den Begriff »Sekundärprävention« = tätig werden, wenn Suchtmittelkonsum stattfindet), sondern das Ziel der psychosozialen Stabilisierung aller Kinder und Jugendlichen in Auge und Sinn haben.

Hier berührt bzw. verstärkt suchtpräventive Arbeit Bereiche der Gewaltprävention oder Delinquenzprävention (Verhindern von ...), aber auch Interaktions-, Gestalt-, Theater- oder Kunstpädagogik (Fördern durch ...). Entsprechend dieser Tatsache werden den LeserInnen einige der Übungen aus anderen Zusammenhängen bekannt vorkommen.

So wie es keine »lupenreine« suchtpräventive Arbeit gibt, gibt es auch nicht die typische Gruppe der Adressaten für Suchtprävention. Es gilt also, für alle Kinder und Jugendlichen suchtpräventive Angebote verfügbar zu machen, ob sie uns nun besonders gefährdet erscheinen oder nicht. Die scheinbar unspezifischen suchtpräventiven Angebote, die sich z.b. durch Bestätigung, Anerkennung, Orientierungsangebote, Verantwortungsübergabe manifestieren, vergrößern das persönliche Wachstum ebenso wie all die spezifischen Angebote, z.b. rauchfreie Feste, Bereitstellen von genügend nichtalkoholischen Getränken, Gesprächsbereitschaft im Konfliktfall, Kontakt zu den Eltern, alkoholfreier bzw. rauchfreier Arbeitsplatz.

Unsere Aufgabe wird es sein, mit allen Kindern oder Jugendlichen am Ort des Zusammentreffens mit uns ein »suchtprophylaktisches Klima« (Schönherr 1991) zu entwickeln. Je frühzeitiger wir damit beginnen, desto eher werden wir wahrscheinlich eine »psycho-soziale Immunisierung« (Hurrelmann/Hesse 1991) anlegen.

Wir müssen dabei allerdings wohl mit einem altersbedingten Probier- oder Konsumverhalten rechnen, welches als schlecht geeignete, aber häufig praktizierte Form der Bewältigung von Entwicklungsaufgaben anzusehen ist (siehe hierzu Kastner/ Silbereisen 1988, Tossmann 1993).

Wenn wir es vermeiden können, im Einzelfalle panisch zu reagieren, aber im allgemeinen die Jungen und Mädchen als potentiell suchtgefährdete Individuen (wir sind es auch!) mit all ihren Stärken und Schwächen akzeptieren, sind wir unserer Aufgabe als Suchtprophylaktiker ein Stückchen weiter gerecht geworden. Das nächste Kapitel soll diese Aufgabe in ihrer Vielschichtigkeit etwas näher beleuchten.

2. Ursachenorientierte Suchtprävention

2.1 Das Suchtursachenmodell

Die Motive, ein Suchtmittel zu gebrauchen, sind so vielfältig wie die Menschen selbst. Auch gibt es nicht die typische Suchtursache, Ursachen für die Entstehung von süchtigem Verhalten sind aber in einem Bedingungsgefüge zu finden, das sich in drei miteinander zusammenhängende Bereiche gliedern läßt:

1. das Suchtmittel mit seiner spezifischen Wirkung und Verfügbarkeit (M1 = Mittel für stoffgebundenes und stoffungebundenes Suchtverhalten),
2. die psychophysischen Konditionen bzw. Fähigkeiten der Person (M2 = Mensch),
3. die gesellschaftlichen Bedingungen (M3 = Milieu, Umwelt: Familie, Schule, Freunde, Freizeit, gesellschaftliche Perspektiven ...).

Mögliche Suchtursachen (S) lassen sich als Determinanten also in den Bereichen M1, M2 und M3 finden, sie müssen aber nicht zwangsläufig zur Sucht führen.

Das in der Literatur häufig zitierte Dreiecksmodell »Droge – Person – Umwelt« habe ich um der einfacheren Handhabung willen *3-M-Modell* genannt (Burow/Kaufmann 1991, S.66), mit dem weiteren Vorteil des Verzichts auf das mißverständliche und eingrenzende Wort »Droge«.

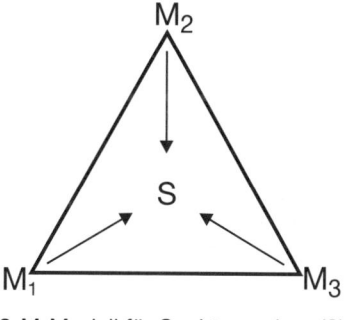

3-M-Modell für Suchtursachen (S)

Im folgenden möchte ich den Zusammenhang der drei Bereiche an dem populären Suchtmittel Alkohol exemplarisch zeigen: Die Motive bei einer Ausgangssituation zum Gebrauch von Alkohol (M1) durch Kinder oder Jugendliche können bei der niedrigschwelligen Verfügbarkeit und der Erwartung einer nur geringen Wirkung bei geringer Dosis liegen. Die hohe gesellschaftliche Akzeptanz (M3) und die oft täglich erlebbare und selbstverständliche Zugriffsnähe, verbunden mit dem Vorbildverhalten der Eltern (M3), lassen Kinder oft sehr frühzeitig (M2 = Alter) Alkohol probieren und konsumieren. Ein Beispiel verdeutlicht die Interdependenz dieser Faktoren: Wer einmal erlebt hat, mit welcher Selbstverständlichkeit manche Kinder in bayerischen Biergärten oder -zelten die elterliche Erlaubnis für einen Schluck Bier erhalten, mag sogar ein Süd-Nord-Gefälle bei der gesellschaftlichen Akzeptanz von Bierkonsum vermuten (M3 = kulturelle Komponente). Nun wird Alkoholkonsum in unserer Gesellschaft oft eher bei Männern als bei Frauen als normal akzeptiert (M3 = gesellschaftliche Werte, Normen, Geschlechterrolle), beachtenswert ist aber auch die Tatsache, daß es geschlechts- und altersspezifische Unterschiede (M2 = männlich/weiblich bzw. körperlicher Entwicklungsstand) bei der Toxizität von Alkohol gibt.

Der Konsum von Alkohol durch Jugendliche kann aber auch als ausweichendes Verhalten betrachtet werden, und zwar wiederum geschlechtsspezifisch und rollenabhängig (M2/3): Die Motivation, durch Alkohol Unsicherheit zu kompensieren, ist bei Jungen oft mit Omnipotenzgebaren verbunden, bei Mädchen z.B. mit Koketterie oder Albernheit. Das Mittel selbst verspricht jedenfalls eine Erhöhung des Selbstwertgefühls, Verbesserung der Kontaktfähigkeit, Akzeptanz in der Gruppe und Spaß – man vergleiche nur die Bilder der Werbewelt (M1/2/3).

Diese schematisierten, aber durchaus brauchbaren Unterscheidungen der drei Bereiche zeigen Faktoren auf, die möglicherweise zur Sucht führen können. Bei der Anamnese von Süchtigen allerdings werden wir den Einfluß dieser drei Faktoren in unterschiedlicher Erscheinungsform und Ausprägung defizitär oder im Überfluß feststellen.

Ein »Zuwenig«, aber auch ein »Zuviel« an elterlicher Zuwendung kann zu Suchtursachen beitragen, die rauchende Mutter kann abschreckendes Beispiel oder fördernde Komplizin für die Kinder werden. Das Kontaktbedürfnis im Hinblick auf Gleichaltrige kann zu fruchtbaren, aber auch zu furchtbaren Beziehungen führen.

Die breitgefächerten Faktoren, in denen sich Auslöser und Verstärker für süchtiges Verhalten finden, erfordern also entsprechend breitgefächerte Aufmerksamkeit und ein ebenso breites Angebot in der Suchtprävention.

2.2 Das Suchtpräventionsmodell

Das grafische Modell für Suchtprävention läßt sich analog dem Suchtursachenmodell folgendermaßen darstellen:

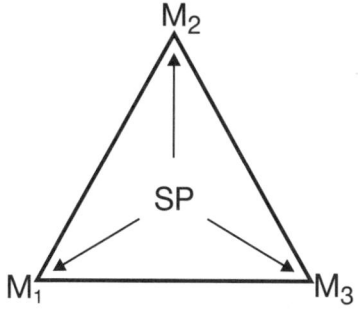

3-M-Modell für Suchtprävention (SP)

Da wir wissen, welche Faktoren eine Suchtentwicklung beeinflussen können, liegt der Umkehrschluß nahe: In der Suchtprävention müssen wir ursachenorientiert diese Faktoren beachten und ihren Einfluß verringern bzw. modifizieren.

Die große Bandbreite der zu berücksichtigenden Faktoren, die der Suchtprävention ein entsprechend großes Arbeitsfeld überlassen, kann zu einem Negativeffekt führen. Viele Kolleginnen und Kollegen, die in pädagogischen Bereichen arbeiten, geraten darüber in Hilflosigkeit, Resignation oder verlangen effektiv umsetzbare Lösungsmöglichkeiten. Da Rezepte aber besser in Kochbüchern veröffentlicht werden sollten als in pädagogischer Literatur, möchte ich in diesem Handbuch nur Anregungen geben – Anregungen, die Lust und Mut, kreativ oder nachdenklich machen können und so der Resignation vorbeugen.

Sehen wir uns also die Faktoren, die unsere suchtpräventiven Lern- und Arbeitsfelder bestimmen, einmal gesondert an.

M1 – Die Suchtmittel

Den Suchtmitteln (M1) wurde seit den frühen siebziger Jahren die größte Aufmerksamkeit in Presse und Pädagogik gewidmet. Man sprach von Drogenprävention, -aufklärung und -abschrekkung, meinte die illegalen Drogen, warnte und informierte so ausführlich wie möglich. Außer, daß gerade von Jugendlichen die doppelte Moral (»Ihr raucht und trinkt doch selbst, und uns wollt Ihr den Spaß verbieten«) bald durchschaut wurde, wurde der Neugiereffekt unterschätzt. Fünfzehn Jahre später wurden die Aufklärer aufgeklärt: »Abschreckungsaufklärung ignoriert die Ursachen von Sucht und ist zu unspezifisch bezüglich der tatsächlich einstiegsgefährdenden Situation und hat viel zu schädliche Nebenwirkungen. Man klärt 40 Jugendliche in Hinblick auf das eine Viertel konkret Gefährdeter und macht 39 3/4 neugierig«, formulierte W. Kindermann 1987 bei einem Vortrag zur Bestandsaufnahme von Suchtprävention in Berlin (Senator für Jugend und Familie: Suchtprophylaxe 1988). Dennoch wird auch heute noch von vielen PädagogInnen ein »Aufklärungs-/Abschreckungs-/Informationspaket« verlangt, wenn das Thema Sucht aus aktuellen oder rahmenplanabhängigen Gründen behandelt werden soll. Wie schnell diese inhaltliche Fixierung auf das Suchtmittel absurd oder sogar kontraindikativ werden kann, verdeutlichen einige Beispiele aus der Praxis:

– In einer Tabelle über Wirkungsweisen von Haschisch finden sich Stichworte wie »Sinnestäuschungen« und »akute Verworrenheit« (Feser 1981) oder »Wahnideen« und »Impotenz« (Hamburg-Münchener Ersatzkasse 1980). Keine der MitschülerInnen, die Haschisch probiert oder mehrfach konsumiert haben, wissen von diesen Folgeerscheinungen, sie haben viel positivere Fakten zu berichten. Wem wird der Jugendliche wohl mehr glauben, dem Kumpel oder der Tabelle?
– In der Raucherecke stehen (subjektiv wahrgenommen) die interessantesten Leute der Schule. Sie haben Spaß und bieten den Eindruck von intensiven Kontakten, es ist sicherlich für

viele SchülerInnen reizvoll, dazugehören zu dürfen. Das Medium Zigarette dient als Eintrittskarte für die Gruppe, in die sich viel projizieren läßt (siehe Übung 84, »Der Kobold in der Raucherecke«). Alle SchülerInnen kennen die berühmten Raucherbeinfotos und wissen über mögliche Risiken Bescheid – aber was ist schon der warnende pädagogische Zeigefinger gegenüber einem realen oder imaginierten Angebot von Kontakt, Bestätigung und dem »Wie-die-Erwachsenen-Sein«?»

- »Wir Kinder vom Bahnhof Zoo« gehört in vielen Schulen zum Standardrepertoire in der Buch- oder der Videofilmversion und wird gerne von PädagogInnen, die wenig Erfahrung in der Suchtprävention haben, für Unterrichtszwecke benutzt. Der gute Glaube, die Erlebnisse der Christiane F. seien so abschreckend, daß kein Mädchen oder kein Junge ihr wohl nacheifern wolle, rechtfertigt dann den Medieneinsatz. Das Gegenteil ist aber bekanntgeworden: Der Verhaltensspielraum zwischen »Mir könnte so etwas nie passieren« und »Ist schon faszinierend, was die erlebt hat« läßt manch persönliche Probiervariante zu. Für einige Klassenreisegruppen aus der Provinz gehört der Gang zu den Berliner Originalschauplätzen Genthiner Straße oder Bahnhof Zoo zum selbstverständlichen privaten Pflichtprogramm, zumindest, um mitreden zu können ...

- Schon sehr bald nach Erscheinen des Buches wurden kritische Stimmen zum beliebten, aber leichtfertigen Einsatz der Lektüre im Unterricht laut (Rieck/Schmejkal 1979, Heckmann 1982/83, Bockhofer 1988), aber nicht genügend wahrgenommen. Die Faszination der geschilderten Erlebnisse ist bei Jugendlichen und LehrerInnen immer noch sehr groß, der eigene Alltag dagegen eher langweilig. In Ermangelung eines geeigneten Textes, der die pädagogischen Intentionen stützen sollte, wird eine Lektüre institutionalisiert, die gegenteilige Effekte fördert.

- Oft schon wurde in der Pädagogik ein erwünschter Warneffekt zum Werbeeffekt, weil entwicklungspsychologische Fak-

toren (Ablösungsprobleme, Identifizierung, Individuation) nicht beachtet wurden.
- Der »Marlboro-Effekt« (= Ein guter Cowboy raucht trotzdem): Gesundheitsrisiken durch Nikotin sind heutzutage jedem Kind bekannt. Die Mortalitätsrate durch die Folgen des Zigarettenrauchens ist höher als die aller Todesfälle durch Heroin, Kokain, Alkohol, Verkehrsunfälle und Morde zusammen (vgl. Zahlen der BZgA). Wer sich heute als Jugendlicher zum Rauchen entscheidet, kann damit anderen zeigen, daß er ein richtiger Held ist. Auch wenn der Original-Marlboro-Cowboy ebenso wie der Camel-Mann (der mit dem Loch im Schuh) an Lungenkrebs gestorben sind.

Wenn also die Strategien Information und/oder Abschreckung als Inhalte von Suchtprävention nicht hinreichend erfolgversprechend sind, wie können wir dann den Bereich Suchtmittel (M1) angemessen berücksichtigen? Mit einem Wortspiel läßt sich ein sinnvolles pädagogisches Ziel verdeutlichen:

Erkenntnis ist wichtiger als Kenntnis

Informationen über Suchtmittel sind auf dem Medienmarkt für Kinder, Jugendliche und PädagogInnen in schier unübersehbarer Menge verfügbar, ebenso immens ist die Vielfalt der Suchtmittel (siehe hierzu Übung 64, »Suchtmittelkarussell«). Da bekanntlich das Wissen nicht vor Torheit schützt, man bedenke nur die hohe Zahl rauchender Ärzte, ist es wahrscheinlich weniger wichtig zu wissen, wie ein Suchtmittel funktioniert, sondern welche Funktion das Suchtmittel für die Betreffenden hat.

Besonders in der Schule als Institution für Wissensvermittlung wurde bisher meist das Augenmerk auf »Funktion von ...« statt auf »Funktion für ... « gerichtet. Deswegen ist es wichtig, daß wir uns verstärkt darum kümmern, welche Funktion Suchtmittel für Kinder und Jugendliche in ihrer spezifischen Situation haben, vom Sicherheitsbedürfnis bis zur Neugier und Abenteuerlust, vom Dazugehören bis zum Abgrenzen, vom Sichöffnen bis zum »Zumachen«. Aus der Erkenntnis, welchen funktionellen Charakter Suchtmittel einnehmen können (siehe hierzu die Untersuchungen von Kastner/Silbereisen 1988), lassen sich Konsequenzen für unser pädagogisches Handeln ziehen, und zwar in zwei Schwerpunkten:

1. Wir erschweren, der Situation angemessen, die Zugriffsnähe.
2. Wir suchen nach funktionellen Alternativen.

Einige Beispiele hierzu aus der schulischen Praxis:

– Gemeinsam mit Schülern und Eltern einer 10. Klasse werden die Vorzüge einer drogen- und alkoholfreien Klassenfahrt herausgearbeitet und entsprechende »Vereinbarungen« getroffen. Günstig ist es, wenn der Vorschlag dazu von der Schülerseite kommt.
– Eine Lehrerin der Grundschule führt eine Schnitzeljagd und Schatzsuche durch. Der Schatz ist nicht das sonst übliche Kästchen mit Süßigkeiten, sondern ...
– Eine Klassenelternversammlung beschließt, bei der diesjährigen Adventsfeier/beim Weihnachtsbazar einen alkoholfreien Punsch anzubieten.
– Der Zugriff auf Zigaretten wird gerade jüngeren Schülern erschwert durch aufsichtsführende LehreInnen, die bei Regelverstoß nicht strafen, sondern ihre eigene Position erklären.

Auf die gemeinschaftliche Suche nach Alternativen zur alltäglichen Suchtmittelverlockung können und sollten wir in den verschiedensten Gruppen gehen, in Schulklassen, schulischen Gremien, Aus- und Fortbildungsstellen für pädagogische Berufe, Gewerkschaftsgruppen, in der (offenen) Kinder- und Jugendarbeit etc.

Siehe hierzu besonders die Übungen 23, »Die Funktion des Suchtmittels«, 43, »Mein Kind dürfte ...«, 63, »Was fehlt meinen Schülern?«, 65, »Schule macht süchtig«, 84, »Der Kobold in der Raucherecke«.

M2 – Der Mensch (psychophysische Determinanten)

Der am meisten differenzierbare, aber auch besonders diffizile Faktor für mögliche Suchtursachen und Suchtprävention ist M2 – der Mensch mit seinen spezifischen psychischen und physischen Ausprägungen. Besonders die psychischen Konditionen beeinflussen zu einem großen Teil Einstellungen und Verhaltensweisen im Umgang mit Suchtmitteln. Entsprechend wichtig ist die Berücksichtigung der vielschichtigen Persönlichkeitsstrukturen in der präventiven Arbeit. Bei einem Brainstorming zum Thema »Suchtprävention bei Jugendlichen« lassen sich relativ umfassend mögliche Arbeits- und Übungsfelder für die Suchtprävention sammeln (vergleiche Übung 12, »Suchtprävention ist ...«). Wenn wir die sozialen Aspekte (M3) von den psychophysischen (M2) trennen und uns letztere ansehen, könnte die Liste wie folgt aussehen:

- Selbstwertgefühl,
- Konfliktfähigkeit,
- Verantwortung,
- Kontaktfähigkeit,
- Wachstum,
- (sexuelle) Identität,
- Stabilisierung,
- Sinn,
- Werte,
- Angst-/Streßbewältigung,
- Gefühle,
- Kreativität,
- Genußfähigkeit.

Diese Aufzählung erhebt keinen Anspruch auf Vollzähligkeit, sie soll nur verdeutlichen, welch unterschiedliche Arbeitsfelder ganz subjektiv der Suchtprävention zugeordnet wurden, die Nennungen variieren in verschiedenen Arbeitsgruppen, die häufigstgenannten habe ich in dieser Liste zusammengestellt.

Im 3. Kapitel werde ich einzelne Bereiche systematisieren und sie praxisbezogen kommentieren.

Bei näherer Betrachtung der obengenannten Begriffe fällt auf, daß sie eher im emotionalen als im kognitiven Bereich für eine Lernzielformulierung anzutreffen sind. Werfen wir aber z.B. einen Blick in Lehrpläne und Unterrichtsmaterialien zum Thema Sucht, so ist es auffallend, daß die kognitiven Lerninhalte und -ziele stark im Vordergrund stehen. Können aber die psychophysische oder die psychosoziale Komponente, die gerade für Suchtursachen eine zentrale Rolle spielen, auf überwiegend kognitivem Wege den jungen Menschen vermittelt werden? Radfahren läßt sich nicht durch Wissenserwerb, Arbeitsbögen oder Bücherstudium erlernen – Kontaktfähigkeit oder Streßbewältigung lassen sich nicht auf dem kognitiven Lernkanal einüben, sondern nur durch praktische Auseinandersetzung mit sich selbst und anderen in vertrauensvoller und unterstützender Atmosphäre.

Es liegt also nahe, daß diese Lerninhalte nicht innerhalb einer Unterrichtseinheit oder einer Projektwoche allein »abgehakt« oder abgefragt werden können. So müssen andere Lern- und Übungsformen langfristig erprobt und erlernt werden. Reformpädagogische Ansätze, die Kopf, Hand und Herz (Pestalozzi) beim Lernen berücksichtigen, erfreuen sich zwar zunehmender Beliebtheit bei engagierten PädagogInnen, haben jedoch in den Amtsstuben der Planer und Verwalter noch nicht genügend Resonanz erfahren. Wünschenswert wäre es z.B., daß die Erkenntnisse einer vom Nordrhein-Westfälischen Ministerpräsidenten eingerichteten Kommission zur Reformierung bzw. Selbstorganisation des Bildungsbereiches genutzt und umgesetzt werden. Der Gestaltungsfreiraum des Lern- und »Lebensortes« Schule würde vergrößert, schülerbezogenes Lehren und Lernen ausdrücklich unterstützt und ermöglicht (siehe Grotemeyer 1995). Punktuelle Versuche, den Schwerpunkt der kognitiven Ebene zugunsten der affektiven zu verlagern, starre Arbeitszeiten aufzulösen, gibt es momentan in der Schule vor allem bei Projekttagen oder -wochen. Hier wird dann gerne von der herkömmlichen Form des Lernens abgewichen. Wenn aber affektiv zu erwerbende Lerninhalte in isolierten Blöcken, z.B. an Projekttagen, als außergewöhnliche Interventionsversuche an Kinder und Jugendliche herangetragen werden, sind diese meist gut gemeint, aber zum Scheitern verurteilt (siehe hierzu die Expertise zur Primärprävention der BZgA 1994). Selbstwertgefühl zu erlangen erfordert viel Zeit und Geduld, häufig gibt es dabei auch Rückschläge und Frustration. Dazu ist von PädagogInnenseite gute und kontinuierliche Kontaktfähigkeit erforderlich. Weder ein »Crashkurs Selbstwertgefühl« noch ein »Informationspaket Suchtgefahren« wird Kinder und Jugendliche in ihrer psychophysischen Befindlichkeit stabilisieren.

Dabei müßte ein Jugendlicher, der z.B. bestens über die Gefahren des Rauchens informiert ist, über viele Fähigkeiten und Stärken verfügen, die mit Wissensakkumulation nur wenig zu tun haben. Das Mitrauchen bietet ihm nämlich in seiner Imagination sehr viele Versprechen, die wichtiger sein können als der Gesundheitsaspekt:

1. Du bekommt Kontakt zu anderen.
2. Du wirkst/fühlst dich älter, sicherer.
3. Du weißt, wo du deine Hände lassen kannst.
4. Du zeigst Risikobereitschaft.
5. Du wirkst männlich-/weiblich-lässig.
6. Du zeigst anderen etwas über dich (durch die Wahl der Marke).
7. Du wirst genießen.

(Siehe hierzu auch Übung 84, »Kobold«.)

Die Entscheidung, die dann für oder gegen das Mitrauchen gefällt wird, findet eher auf der emotionalen Ebene als auf der rationalen statt. Sie hat ein jeweiliges Wertesystem im Hintergrund, für das die mehr oder weniger professionelle Pädagogik in Elternhaus, Schule und anderen gesellschaftlichen Bereichen (z.B. Medien) auch verantwortlich ist: In welch alternativer Weise und damit weniger schädlich ließen sich gemeinsam mit den jungen Menschen diese verlockenden Versprechen einlösen? Etliche der gesammelten Übungen beziehen sich immer wieder auf obengenannte Punkte (siehe u.a. die Übungen 49, »Geschenk«, 70, »Komplimente«, 59, »Abklopfen«, 67, »Angst«, 73, »männlich/weiblich«, 4, »Name und Symbol«, 2, »Drei Fragen zum Genuß«). In der alltäglichen pädagogischen Praxis lassen sich durch die Beachtung der genannten Bedürfnisse weitere Alternativen finden, die nicht unbedingt einen Lern- oder Übungscharakter haben müssen, sondern nur dem gemeinsamem Austausch und/oder der Reflexion dienen. Allein die scheinbar so einfache Nachfrage nach der psychischen/physischen Befindlichkeit aller Gruppenmitglieder wird das Kommunikationsklima positiv beeinflussen (siehe Übung 3, »Blitzlicht«, und Übung 86, »Morgenkreis«, zum Weiterlesen Monika Winschermann: »Es gibt kein Lernen ohne Gefühle...«, ein Erfahrungsbericht über Morgen- und Wochenabschluß-Kreise in der Schulklasse).

Eine Überprüfung der schulischen Unterrichtsformen und -inhalte in Praxis und Theorie würde ein erhebliches Defizit in der Beachtung der oben (sicherlich unvollständig) zusammengestellten Bedürfnisse erkennen lassen, dabei sind gerade Wahrnehmung und Integration der jeweiligen Gefühlswelten der Kinder und Jugendlichen in der Pädagogik zunehmend gefordert.

Im Vergleich zur Schule verfügt die Jugendarbeit über größere inhaltliche Freiräume und nutzte diese. Die Berliner Senatsverwaltung für Jugend und Familie initiiert z.B. jährlich interessante suchtprophylaktische Projekte, die in Ausstellungen, Workshops, Musikveranstaltungen, Bühnenstücken oder Videos präsentiert werden (»Alles Banane«, »Himmel und Hölle«, »Hart an der Grenze«, »Über alle Maßen« u.a.). Die Erarbeitung und das Ergebnis sind für alle Beteiligten faszinierend, sie können auf das Produkt stolz sein und haben bei der Arbeit Gemeinschaftsgefühl, Spaß, Aufregung und eine Interessenerweiterung erfahren. Auch viele andere Einrichtungen der Jugenbildungs- und Jugendkulturarbeit nutzen den Weg des gemeinsamen Lernens mit persönlicher Bedeutsamkeit über kreative Medien und Darstellungsformen (siehe hierzu auch BZgA 1995 sowie Aktionsgemeinschaft Alkoholprävention 1995).

Die Anzahl der Fortbildungsangebote zur Suchtprävention in der Schule hatte sich in den letzten Jahren erfreulicherweise vergrößert, viele dieser Veranstaltungen sind eher interaktionsorientiert, die Informationen werden nicht auf der Referatsebene, sondern durch gemeinschaftliches Erarbeiten und Erfahren erworben. Leider sind viele attraktive Angebote von Sparmaßnahmen bedroht bzw. unterliegen bereits erheblichen Kürzungen.

Wenn Austausch und gegenseitige Anregung und Vernetzung zwischen Jugend-, Kultur- Eltern- und schulischer Arbeit geschaffen bzw. intensiviert würden, ließen sich die emotionalen Aspekte des Lernens auf breiterer und vielleicht auch farbigerer Basis beachten.

M3 – Das Milieu (gesellschaftliche Determinanten)

Es liegt also nahe, daß wir als PädagogInnen in der Suchtprävention auf die Faktoren M1 (Mittel) und M2 (Mensch/psychophysische Konditionen) Einfluß nehmen können. Bei der Überlegung, auch noch dies so weite Feld M3 mit all seinen breitgestreuten Facetten zu berücksichtigen, fühlen sich manche überfordert. Die gesellschaftlichen Einflüsse auf Kinder und Jugendliche sind immens und vielfältig, die für die Suchtprävention wichtigsten sind im folgenden zusammengestellt:

– Familie,
– Schule,
– Freunde, Peers, Partner,
– Freizeitangebote,
– Konsumangebote (incl. Medien),
– Arbeits- und Zukunftsperspektiven,
– Betreuungs- und Beratungsangebote.

Auf diesen »Block« können wir natürlich nicht im ganzen Einfluß nehmen, es lohnt sich aber, das Augenmerk immer wieder auf die einzelnen Teilbereiche zu richten. Die Kinder und Jugendlichen bewegen sich im Spannungs- und Erwartungsfeld dieser Bereiche, es entstehen Konflikte und Anforderungen, denen sie nicht immer gewachsen sind. Um diese Schwierigkeiten zu erkennen und gegebenenfalls Alternativen erarbeiten zu können, sind allerdings eine vertrauensvolle Atmosphäre und gute Kontaktmöglichkeiten nötig.

Im folgenden sind einige Anregungen zusammengestellt, wie in der Praxis Einfluß genommen werden könnte.

Deritualisierung bzw. Ritualisierung in der Schule

Rituale können ebenso unterstützender wie auch hindernder Faktor für Suchtprävention sein. Wenn nicht in Frage gestelltes ritualisiertes Vorgehen (z.B. starres Noten- und Beurteilungssystem, unflexibles Sanktionieren bei Regelübertretungen) die Verantwortungsmöglichkeiten und das jeweilige Selbstwertgefühl nachteilig beeinflußt, ist dies suchtprophylaktisch kontraproduktiv. Gibt es Alternativen zu erstarrten Handlungsgewohnheiten? Die Übungen 63, »Was fehlt meinen Schülern?«, 65, »Schule macht süchtig«, 85, »Schule – Risiko oder Schutz«, zeigen in ihren Arbeitsergebnissen z.B. Wege aus gewohnten Fixierungen. Weitere Beispiele aus der schulischen Praxis finden sich in: Projekt für Suchtprävention an Schulen 1988, 1989, 1991, Burow/Kaufmann 1991, Scala 1990.

Demgegenüber kann aber auch das Gegenteil, nämlich eine bewußte Besinnung auf die Notwendigkeit von Ritualen, in der Gruppe sinnvoll und unterstützend sein. Beispiele hierfür sind »Montagsrunden«, Klassenfrühstücke, Geburtstagsrituale, »Blitzlicht« (Übung 3, 20), Schul- oder Klassenfeste, öffentliches Lob (siehe auch Übung 70, »Komplimente«). Anregungen hierzu finden sich vielfältig in Thanhoffer u.a. 1992.

Die Schul-/Klassengemeinschaft als persönlich attraktives Umfeld

An der Verbesserung der Gemeinschaftsatmosphäre arbeiten wahrscheinlich die meisten aller PädagogInnen, es sei denn, die Kraft ist ihnen allmählich verlorengegangen (Burnout-Syndrom). Dem Einfallsreichtum sind eigentlich keine Grenzen gesetzt, allerdings müssen nicht immer alle Ideen von uns selbst stammen, ein synergetisches Arbeiten an Alternativen zu den herkömmlichen Bedingungen sollte auch die Ideen der SchülerInnen einbeziehen. Der Lernort Schule verändert sich ständig, bedingt durch die Veränderung von Lehrenden und Lernenden. Häufig werden sich verschlechternde Bedingungen auf personeller bzw. finanzieller Ebene beklagt. Neben berechtigter Kritik sollte aber nicht vergessen werden, daß alle Beteiligten Schule auch als veränderbares Gestaltungsfeld aktiv benutzen könnten. Interessante Praxismodelle hierzu finden sich im Heft 6/1992 der Zeitschrift Pädagogik über das Lernen in Zukunftswerkstätten und das »Modellschul-Buch«.

Verbesserungen lassen sich am »inneren« und am »äußeren« Klima« des Lernortes anstreben. Zum »Innenklima« gehören abstrakte Begriffe wie Vertrauen, Wertschätzung des Individuums oder Solidarität; wie diese Werte konkret erlebbar und trainierbar angeeignet werden können, zeigen etliche Übungen dieses Buches, z.B. 59, »Abklopfen«, 47, »Führen und führen lassen«, 71, »Den anderen etwas Gutes tun«, u.a.

Auf den Gebieten Körper und Bewegung könnte selbstverständlich der Fachbereich Sport ideal berücksichtigen, daß nicht nur die Einzelleistung honoriert wird, sondern auch die Gemeinschaftsverantwortung, das Spielen ohne Sieger/Verlierer oder das bewußte Umgehen mit dem eigenen/fremden Körper. Gute Ansätze hierzu zeigen sogar neuerdings auch Sportvereine, bei denen nicht nur mit- und gegeneinander gekämpft wird. Vergleiche hierzu Kühn/Muth 1991.

Festlegung von suchtpräventiven Richtlinien an der Schule

Ein Kollegium nimmt sich die Zeit, suchtpräventive Richtlinien für seine Schule festzulegen, und versucht, diesen Richtlinien durch organisatorische Veränderungen Gestalt zu geben. Obwohl gerade der Prozeß, der zur Festlegung führt, genauso wichtig ist wie deren Umsetzung (die gemeinsame Arbeit benötigt eine – oftmals mühselig erworbene – gemeinsame Basis), zitiere ich nach Jordan/Rieder (1994) zehn präventive Grundsätze, die einer Suchtgefährdung gegenüberstehen:

Die Gefahr der Verstärkung süchtigen Verhaltens besteht in der Schule unter folgenden Bedingungen:	↔	Die Chance zur Vermeidung süchtigen Verhaltens ergibt sich z.B. durch folgende Verhaltensweisen:
1. Schülerinnen und Schüler werden als »Material« betrachtet.	↔	Schülerinnen und Schüler werden als Personen angesprochen.
2. Zu schlechte oder zu gute Notengebung.	↔	Realistische Rückmeldung über Leistungsschwäche und Stärken.
3. Der Hinweis auf Leistungsschwächen ist mit einer Abwertung der Person verbunden.	↔	Der Hinweis auf Leistungsschwächen geschieht so, daß die Schüler/innen ihr Gesicht wahren können.
4. Die Schüler/innen werden offen oder verdeckt in feste »Schubladen« geordnet (»Versager« oder »Leistungsträger«).	↔	Aufzeigen für Verbesserungsmöglichkeiten für jede/n Schüler/in (Kompensationskurse etc.).
5. Bei Auffälligkeiten: Wegsehen oder ausschließlich formale Reaktion durch Ordnungsmaßnahmen.	↔	Auffällige Veränderungen im Verhalten von Schüler/innen werden sensibel wahrgenommen; es wird nach Ursachen gefragt..
6. Inkonsequenz gegenüber Regelverstößen.	↔	Sinnvolle Regeln werden verbindlich gesetzt und eingehalten (Verspätungen, Hausaufgaben, Rauchen usw.).

7. Lehrerentscheidungen werden absolut gesetzt; persönliche Differenzen gehen in die Leistungsbewertung ein.	↔	Lehrerentscheidungen werden transparent gemacht, sind korrigierbar.
8. Das Lehrerverhalten gegenüber legalen Suchtmitteln stimmt nicht mit den Forderungen an die Schüler/innen überein.	↔	Aufrichtigkeit und Fähigkeit zur Selbstkritik im eigenen Umgang mit legalen Suchtmitteln (Alkohol, Nikotin).
9. Der Unterricht orientiert sich unflexibel und streng an reinen Sachbefunden und läßt darüber hinaus kein Gespräch zu.	↔	Der Unterricht gibt den Schülerinnen und Schülern Gelegenheit, über sich und ihre Befindlichkeit zu sprechen und aufeinander einzugehen.
10. Die Lehrerin bzw. der Lehrer gibt sich betont sachlich, betrachtet sich als »neutrale/r« Wissensvermittler/in.	↔	Die Lehrerin bzw. der Lehrer bringt sich selbst in den Unterricht mit ein und bemüht sich um eine Rolle als soziales Vorbild.

Kontakt zu Beratungsstellen und Ämtern

Es gehört zum professionellen Alltag in der Jugendarbeit, den Kontakt zu entsprechenden Ämtern (Jugendamt, Familienfürsorge, sozialpsychatrische u. schulpsychologische Dienste sowie Beratungsstellen) zu halten. Im Vergleich dazu sind die aktuellen oder langfristig kooperativen Verbindungen von Schule zu den für Suchtprävention wichtigen Einrichtungen kommunaler oder freier Träger meist gering entwickelt. Eine Einladung der verantwortlichen Ansprechpartner zu einer Mitarbeiter/Gesamtkonferenz oder der vorbereitete Besuch einer Beratungsstelle mit einer Schulklasse oder Jugendgruppe erscheint sinnvoll, wird aber selten praktiziert. Schwellen- und Berührungsängste könnten abgebaut werden, durch den persönlichen Kontakt können Möglichkeiten und Grenzen von fachgerechter Unterstützung direkt vermittelt werden. Eine kontinuierliche Kooperation der betroffenen Institutionen verkürzt Wege und Entscheidungszeiten. Sie kommt damit direkt, schnell und kompetent Betreuern und Betreuten zugute. Die Übung 63, »Was fehlt meinen Schülern?«, könnte durch das Wissen um Bündnispartner im Konflikt- oder Problemfall eine sinnvolle (manchmal notwendige) Ergänzung erhalten.

Information über Freizeitangebote

Oft wissen wir (und die Kinder und Jugendlichen) gar nicht, welch breites Angebot von Freizeitaktivitäten zur Verfügung steht. Eine gemeinschaftliche Aufstellung und Veröffentlichung der Freizeitangebote, z. B. in Form einer Wandzeitung, macht bestimmt etliche Jugendliche neugierig. Ebenso lohnt es sich und ist erkenntnisreich für Lehrende und Lernende, ein persönliches Freizeitprofil darstellen zu lassen (Übung 44, »Freizeittorte«) oder die Quantität und Qualität der Freizeit im Verhältnis zur Tagesstruktur zu untersuchen (Übung 40, »Die 24-Stunden-Torte«). Die aktive Beschäftigung mit dem Thema erleichtert den Kontakt zu organisierten Freizeitaktivitäten, der häufig zitierten Orientierungslosigkeit oder Langeweile als Suchtursache könnte durch neue Ideen in Richtung auf Einbindung in aktive Gemeinschaften begegnet werden. So stellten z.B. auch Kastner/Silbereisen 1988 in ihren Langzeituntersuchungen fest, daß Jugendliche, die in Sportvereinen organisiert waren, weit weniger suchtgefährdet waren als nichtorganisierte.

Eltern als Risiko- oder Stabilitätsfaktor?

Eltern können für möglicherweise süchtiges Verhalten ihrer Kindern als Risiko-, aber auch als Stabilitätsfaktor wirken. Eine Reflexion darüber erscheint mir für die Eltern- als auch für die Kinderseite notwendig. Ziel sollte aber nicht Schuldzuweisung, sondern Verständnis und Suche nach Veränderungsmöglichkeiten sein. Eine modifizierte Übung 1,»Assoziationen mit Fotos«, könnte mit der Fragestellung »Was suchen meine Kinder?« auf einem Elternabend wichtige Impulse setzen. Übung 48,»10 ›Gebote‹« hilft den Jugendlichen, sich kreativ mit Erziehungswerten auseinanderzusetzen und selbstverantwortliche Wege zu gehen. Übung 43,»Mein Kind dürfte ...«, bietet durch den Perspektivenwechsel frühzeitige Reflexionsmöglichkeiten für zukünftiges Rollenverhalten bzw. selbstkritische Betrachtungsmöglichkeit aktueller Verhaltensweisen.

Einflußnahme auf (Kommunal-)Politik

Die Politikverdrossenheit der heutigen Jugend wird häufig in den Medien verbreitet und auch in Kreisen Verantwortung übernehmender Erwachsen beklagt. Ebenso wird die Orientierungslosigkeit großer Teile der Jugendgeneration diagnostiziert. Die Chancen einer intensiven Beschäftigung in Schule bzw. Jugendarbeit mit einem kinder- oder jugendrelevanten Thema wurden dabei wahrscheinlich nicht genutzt. Doch kann allein eine gemeinschaftliche Aktion (Ausstellung/Leserbrief/Demonstration) zu dem Beginn einer aktiven Einmischung in das Politikgeschehen führen. Der häufig anzutreffenden Hilflosigkeit oder Politikmüdigkeit könnte mit einer mutmachenden Aktivität begegnet werden. (Sozial-)politisches Engagement kann natürlich nicht von oben verordnet werden. Aber Raum und Zeit für die Auseinandersetzung mit aktuellen politischen Themen könnten alle pädagogisch Tätigen ihrer Klientel bei Bedarf zur Verfügung stellen. Um z.B. die Gewissenskonflikte von OberschülerInnen besprechen zu können, sich während der Schulzeit einer Demonstration gegen Atomversuche anzuschließen, ist Zeit nötig, die von der Durchführung anderer geplanter Inhalte abhält. Diese Zeit kommt aber der Persönlichkeitsentwicklung eher zugute als jede andere, als aufgesetzt empfundene Stoffvermittlung. Auch in der Jugendarbeit sind unkonventionelle Formen der Einmischung möglich: Von einer eindrucksvollen Aktion für alle Beteiligten berichtete z.B. ein Berliner Sozialarbeiter, dessen Jugendgruppe beschlossen hatte, sich nach dem Solinger Brandanschlag mit selbstverfaßten Flugblättern persönlich für diesen schrecklichen Vorfall bei ausländischen Mitbürgern zu entschuldigen.

Erkenntnis und Veränderung von Machtstrukturen in der Gesellschaft

Ohnmachtsgefühle können zu Suchtursachen werden. Auch das Erkennen von und Angehen gegen unterdrückende Machtstrukturen im Alltag sind wichtige Schritte, z.b. diskriminierende Geschlechterbeziehungen in der Klasse oder verbale Gewalt lassen sich benennen, sanktionieren oder konstruktiv verändern. Sie erfordern ein kontinuierliches Training und sollten immer wieder Bestandteil einer suchtpräventiven Arbeit sein (siehe hierzu die Übungen 53, »Baum – Säge – Stein«, 73, »Männlich – weiblich« u.a.) . Viele Anregungen zu diesem Thema bieten Walker (1991, 1992), Preuschoff/Preuschoff (1992) sowie Hagedorn (1994).

... hier bitte eigene Ideen entwickeln und einsetzen, im Kollegium besprechen ...

Die dargestellten Beispiele suchtpräventiver Aktivitäten sind nicht als Anregungen für »Einzelkämpfer« gedacht, denn sie wären alleine nur schwer zu praktizieren und kämen oftmals dem berühmten Kampf gegen Windmühlenflügel gleich. Jede(r) in der Pädagogik Tätige kennt den Impuls, sich für alles mögliche verantwortlich fühlen zu müssen und dabei doch nicht allen/ allem gerecht werden zu können, am wenigsten vielleicht sich selbst: Streß oder Burnout sind ein weitverbreitetes und wachsendes Phänomen gerade in den Sozialberufen (siehe hierzu Pädagogik 6/1989). Viele Kolleginnen und Kollegen können im Kanon der Suchtursachen ein Liedchen davon singen: Es fühlen sich 90% der LehrerInnen häufig belastet, über 80% fühlen sich abgespannt und erschöpft, wenn sie von der Schule nach Hause kommen (Tausch 1991). Da ist der Griff zum entspannenden Suchtmittel nicht weit, und der persönliche Einsatz für eine wichtige und richtige Sache, die Suchtprävention, kann zum Bumerang werden.

Suchtprävention darf nicht als die Arbeit der einzelnen verstanden werden, sondern als Arbeit gemeinsam mit anderen. Das gemeinschaftlich geplante und durchgeführte Handeln hat dann eher suchtpräventiven Charakter und schafft ein höheres Maß an Zufriedenheit, Selbstbestätigung und Sinnhaftigkeit und ein geringeres Maß an persönlicher Frustration. Der gemeinsam gebuddelte und gepflegte Schulteich, die gemeinsam erstrittene Tempo-30-Regelung vor der Schule ist durch den Prozeß und den erlebten Erfolg wohl auch eher suchtpräventiv als die scheinbar gelungene Unterrichtsstunde über die pharmakologische/physiologische Wirkung von Haschisch beim Menschen und die schriftliche Lernzielkontrolle darüber.

Jede Bereitschaft, Suchtprävention in der Praxis umzusetzen, erfordert aber auch ein verantwortungsvolles Abwägen der eigenen psychophysischen Ressourcen, besonders bei der Arbeit mit den breitgefächerten gesellschaftlichen Bereichen (M3). Es gilt daher, eine zufriedenstellende Balance zu finden zwischen den eigenen Kräftekapazitäten und der Veränderbarkeit der äußeren Bedingungen. Suchtprävention heißt nämlich, nicht nur an andere zu denken, sondern auch an sich selbst.

Wenn wir aber in der pädagogischen Praxis beginnen, gemeinsam auch kleine Bausteine zur Veränderung der gesellschaftlichen Bedingungen zu erstellen, lassen sich unsere Kräfte eher erhalten. Dem vielbeklagten Dilemma, in der Pädagogik durch die gesellschaftlichen Bedingungen behindert zu werden, hat Freire eine schön paradoxe Erkenntnis entgegengesetzt: »Indem ich mehr und mehr zu verstehen suchte, wie Erziehung eine Gesellschaft bewegt, habe ich entdeckt, daß die eigentliche Macht der Erziehung in ihrer Schwäche besteht. Erziehung ist einfach deshalb wirkungsvoll, weil sie nicht alles bewirken kann ... Erziehung hat Bedeutung, weil sie eben nicht der Schlüssel zur Veränderung der Welt ist. Aber um die Welt zu verändern, braucht es wiederum Erziehung« (Freire zitiert nach Berentzen 1990). In diesem Sinne sind alle, gerade auch die kleinen alltäglichen Handlungen und Haltungen, an denen wir die Kinder und Jugendlichen zur Veränderung und Verbesserung der Umweltbedingungen teilnehmen lassen, per se suchtpräventiv.

2.3 Die suchtpräventiven Lern- und Übungsfelder

Die wesentlichen Aspekte suchtpräventiver Erziehung ist, wie bisher an verschiedenen Beispielen dargestellt und abgelesen werden konnte, die Unterstützung der jungen Menschen beim persönlichen Wachstum und der damit verbundenen Fähigkeit, ihr Leben in dieser Gesellschaft angemessen und zufriedenstellend zu bewältigen. Die dabei zu erwerbenden altersspezifischen psychische Stabilität und soziale Kompetenz bilden notwendige Grundlagen für ein nichtsüchtiges Leben, ein Leben in Unabhängigkeit.

Neben der Wissensvermittlung und der alltäglich wahrzunehmenden Vorbildrolle der PädagogInnen (siehe Übung 38, »Ich lehre, was ich bin«), in der unsere Haltung, Einstellungen und Handlungsmuster als (positive oder negative) Lernmodelle genutzt werden, spielen wir eine aktive Rolle für das psychosoziale Lernen der Kinder bzw. Jugendlichen. Um diese manchmal zuwenig Beachtung findende Rolle ausfüllen zu können, lohnt es sich, die »Bühnenbilder« einmal genauer zu betrachten: Es sind in der Suchtprävention fünf sich gegenseitig bedingende und ergänzende Lern- und Übungsfelder, in denen psychosoziales Lernen stattfindet. Die Form des Sternes soll symbolisieren, daß sowohl punktuelle Schwerpunkte als auch ganzheitliche Ansätze Beachtung finden:

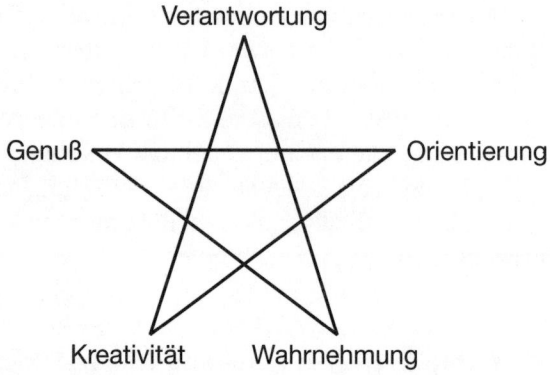

Die Einteilung in fünf Lern- und Übungsfelder entstand durch Systematisierung und Zuordnung von bereits existierenden Übungen für die Suchtprävention in verschiedenen Arbeitsbereichen (vgl. Voigt-Rubio 1990, Bilstein/Voigt-Rubio, Andreas-Siller 1991, Bartsch/Knigge-Illner 1987 und 1988, Kaufmann 1991, BZgA 1990–1995, Tossmann 1993, AOK-Bundesverband 1994 und 1995, BdE/Zentralstelle 1995, Suchtpräventionsstelle Zürich 1995, Sozia-Verlag 1996).

Da es noch nicht viel Suchtpräventionsliteratur aus der Praxis für die Praxis gibt, war es darüber hinaus naheliegend, Übungen aus »verwandten« pädagogischen Richtungen wie Gestaltpädagogik, Spiel- und Theaterpädagogik, Gesundheitserziehung und Interaktionserziehung auf ihre suchtpräventive Anwendbarkeit hin zu sichten und modifiziert einzuordnen.

Der bewußte Verzicht auf ein weiteres Lernfeld namens »Suchtmittelaufklärung« bedeutet nicht, daß hier ein Thema ausgeklammert oder tabuisiert werden soll. Im allgemeinen genügt es aber, wenn auf das Informations- und Neugierbedürfnis der Kinder und Jugendlichen nach bestem Wissen und Gewissen ohne »pädagogischen Zeigefinger« eingegangen wird. Tiefgreifender als jegliche Suchtmittelkunde ist für Suchtprävention allemal die alltägliche Beachtung der fünf Lern- und Übungsfelder. Die praktische Auseinandersetzung mit diesen Feldern, auch wenn sie immer wieder nur bausteinhaft stattfinden kann, unterstützt und begleitet die psychosoziale Entwicklung der jungen Menschen zu mehr Stärke und Unabhängigkeit. Das Ziel, das es zu erreichen gilt, heißt, ihren Weg zu begleiten, kreative, genußfähige, verantwortungsvolle und wahrnehmungsfähige Menschen zu werden. Dann gilt einfach nur: *Schlechte Chancen für die Sucht!*

Die von mir zusammengestellten 99 Übungen lassen sich jeweils mindestens einem der fünf Lernfelder zuordnen, oft sind die Übergänge von einem Lernfeld zum anderen fließend und diese daher nicht deutlich trennbar. Deshalb findet bei der tabellarischen Aufstellung der Übungen im Anhang auch keine Sortierung unter diesen fünf Aspekten statt. In allen fünf Feldern wird das psychosoziale Lernen in unterschiedlicher Kontaktintensität stattfinden. Manchmal steht der Kontakt zur eigenen Person im Vordergrund (Selbstwahrnehmung, Selbsterfahrung, Selbsterkenntnis), manchmal der Kontakt zu anderen (Interaktion, Verantwortung im Umgang mit anderen, Orientierung an anderen, Abgrenzung, gemeinsame Reflexion darüber). Beide Kontaktrichtungen sind für die suchtpräventive Arbeit gleich wichtig. Die fünf Felder können uns auch gut als Checkliste für unsere pädagogische Praxis dienen:

- Wo setze ich meine Schwerpunkte?
- Welche Felder habe ich bisher wenig beachtet?
- Gibt es »blinde Flecken«, und was kann ich dagegen tun?
- Auf welchem Gebiet könnte ich meine Arbeit intensivieren?
- Wo liegen meine Stärken/Schwächen?
- Welches »Profil« hat die Institution, in der ich arbeite?
- Wo liegen Bedürfnisse bzw. Bedürftigkeit der Kinder und Jugendlichen?
- Wo liegen die Ressourcen/Stärken der Kinder und Jugendlichen?

Durch kontinuierliche Pflege dieser Felder werden wir etwas ernten können: Wachstum und zunehmende psychosoziale Stabilisierung der Kinder und Jugendlichen einerseits, Neugier und

Freude an unserem Beruf andererseits. Im folgenden sollen die einzelnen Lern- und Übungsfelder etwas näher beschrieben werden.

Wahrnehmung »*Wahrnehmung ist eine Kunst.*«
(J.O. Stevens)

Dieses Zitat ist einer Sammlung von Übungen aus der Gestalttherapie übernommen. Wenn ich einmal eine therapeutische Übung ausprobiere, bin ich noch lange kein Therapeut – wenn ich suchtpräventive Übungen anbiete, bin ich nicht zwangsläufig ein Suchtprophylaktiker. Zur sinnvoll praktizierten Suchtprävention gehört die Grundfähigkeit, sich selbst und andere möglichst differenziert wahrzunehmen. Diese »Kunst« ist lernbar, es gehört allerdings die Bereitschaft zum praktischen Lernen dazu. Es ist daher dringend empfehlenswert, Übungen aus dem Feld der Wahrnehmungsschulung selbst miterlebt zu haben, bevor sie als Instruktion weitergegeben werden. Erst, wenn ich eine Übung praktisch erfahren habe, werde ich wissen, wieviel Freude, Spannung, Erkenntnispotential oder auch Intimität in ihr steckt.

Obwohl die Förderung von Wahrnehmung seiner selbst und anderer gegenüber als wichtiges und grundlegendes suchtpräventives Lernfeld angesehen werden muß, wird ihr in (sozial-)pädagogischem Studium und der LehrerInnenausbildung wenig Stellenwert eingeräumt. In den letzten Jahren verbreiteten sich allerdings zunehmend selbsterfahrungsorientierte Methoden in Aus- und Fortbildung, sie wurden mit geteilter Begeisterung angenommen: Ein Teil der TeilnehmerInnen nahm interessiert und sensibilisiert die Methoden an, ein anderer Teil wollte sich nicht auf ungewohnte Art mit dem Lernen an und über sich einlassen und stand den Methoden sehr skeptisch gegenüber (»Psychokram«). Ebenso kann es auch Jugendlichen gehen: Außer mit der Ablehnung von Neuem bzw. Fremdem können wir auch mit der jugendlichen Verweigerungs- bzw. Abgrenzungshaltung den Erwachsenen gegenüber konfrontiert sein.

Der Widerstand gegen die Ideen der pädagogischen »Profis« kann mehrere Ursachen haben. Neben den entwicklungsbedingten Faktoren, die es gerade den Jugendlichen erschweren, sich einlassen zu können, liegt es manchmal auch an den PädagogInnen, die bestimmte Übungen rezepthaft übertragen wollen und dabei nicht merken, daß sie ihre Schützlinge nicht dort »abgeholt« haben, wo diese standen. Hier gilt, passend zum Thema, die Devise: Erst wahrnehmen, dann handeln!

Eine weitere Ursache für Widerstand kann im gesellschaftlichen Bereich liegen. »Sein Selbst erfahren ist für Kinder und Jugendliche in einer Welt voller Konsumangebote, Videos und Fernseher nicht mehr selbstverständlich«, schreiben Manteufel und Seeger (1992) in ihrem Praxisbuch zur Selbsterfahrung mit Kindern und Jugendlichen in der Krankenhausarbeit. Die Konsumreize und die leichte Möglichkeit, psychische Befindlichkeit durch Konsumieren von Mitteln (Süßigkeiten ...) und Medien (Game-»Gier« ...) zu regulieren, fördern die Entwicklung von süchtigem Verhalten. Die unterstützende Rückbesinnung auf die wahrnehmbaren Gefühle, Fähigkeiten und Möglichkeiten, die in unserer Person stecken, ist ein wichtiger Teil unserer suchtpräventiven Aufgabe.

Die »Sinneskost«, von der viele Kinder und Jugendliche leben, ist monoton im Verhältnis zu den eigentlich vorhandenen Möglichkeiten. Es wird eher konsumiert als produziert. Je mehr wir aber fähig werden, alle Sinne zu benutzen, um uns und unsere Umwelt wahrzunehmen, desto besser gelingt es uns, unser Leben in die eigene Hand zu nehmen, in Richtung auf zunehmende »Un-Abhängigkeit«. Eine Förderung der Sinneswahrnemungsfähigkeit erscheint also angebracht. Die Bildungs- und Freizeitinstitutionen unserer Gesellschaft dienen wahrscheinlich nur zu einem geringen Teil der Sinnesentfaltung und treffen dabei häufig auf eine jugendliche Klientel, die narzißtische oder hedonistische Verhaltensweisen zeigt (»Ich weiß am besten, was mir gefällt«, »Wozu Öko, wenn Fastfood gut, schnell und billig ist?« oder »Ich will alles, und das am besten gleich«). Eine praktische Möglichkeit, sich z.B. in Schule, Hort oder Jugendfreizeitheim im Zuge eines Projektes der Sinne zu besinnen, bietet die gemeinschaftliche Konzipierung und Durchführung eines »Parcours der Sinne« (siehe Übung 92). Die Intention, Lernen mit allen Sinnen stattfinden zu lassen, sollte sich aber nicht nur auf Extraveranstaltungen beziehen, sondern im pädagogischen Alltag selbstverständlich werden.

Nachdenklich machende und anregende Beispiele, wie den Sinnen wieder mehr Platz an den Schulen eingeräumt werden könnte, bieten Beck/Wellershoff (1989). Wie durch Förderung von Selbstbewußtheit das Selbstbewußtsein verbessert wird, zeigen vor allem Beispiele aus der Gestaltpädagogik (z. B. Burow/Scherpp 1981, Burow/Quitmann/Rubeau 1987, Burow/Kaufmann 1991). Bewußtheit als Lernziel bedeutet hier, Möglichkeiten zu schaffen für subjektives Spüren und Wahrnehmen, was hier und jetzt in mir, mit mir und um mich herum vorgeht. Vergleiche hierzu die Übungen 3, »Blitzlicht«, 22, »Wenn ich ..., dann ...«, 32, »Ich sehe – fühle – denke«, 39, »Zwei Minuten für den Körper«, und 42, »Jetzt-Sätze«.

Ein Mangel an Bewußtheit wird zu Wahrnehmungs- und Kontaktstörungen führen, diese wiederum können zu neurotischen oder süchtigen Verhaltensweisen führen. Die Förderung von Wahrnehmung in Bewußtheit ist also per se suchtpräventiv, aber auch ein wichtiger Präventionsbeitrag zur allgemeinen psychischen und physischen Gesundheitserziehung.

Ergänzend und bestätigend zu den oben beschriebenen Ansätzen der Förderung von Wahrnehmung lassen sich die Erkenntnisse der Biologie der Lernvorgänge, wie sie Vester (1978) beschrieben hat, einbeziehen: So wie Informationen der Umwelt durch unterschiedliche Sinneskanäle unser Fühlen beeinflussen, bestimmen sie auch unser Denken und Handeln. Die Öffnung von Wahrnehmungsfiltern kann unser Lernen lustvoller und sogar effektiver gestalten. Bürmann (1992) prägte dazu den schönen Begriff »Persönlich bedeutsames Lernen«, der bereits auf die benachbarten Übungsfelder hinweist: Orientierung und Kreativität.

Kreativität   »*Alles Banane*«
(Titel eines suchtpräventiven
Jugendprojektes)

Eine anscheinend banale Aussage über Kreativität als suchtpräventive Fähigkeit lautet: Kreative Menschen sind weniger suchtgefährdet, weil sie mehr mit sich und ihrer Zeit anzufangen wissen. Die praktische Umsetzung dieser Erkenntnis erfordert allerdings einiges kreatives Potential, das aber entwicklungsfähig ist, wenn wir es nur wollen. Kinder und Jugendliche gehen meist noch sehr unverkrampft mit kreativen Techniken und Medien um, »entwöhnte« Erwachsene konstruieren sich oft unnötige Barrieren im Umgang mit kreativen Arbeitsweisen. In der Erwachsenenbildung können wir daher häufig mit Widerständen konfrontiert sein, die zu berücksichtigen sind. Können diese Widerstände überwunden werden, ohne daß Leistungs- bzw. Erfolgsdruck herrschten, werden oftmals kreative Potentiale spürbar und sichtbar – Motivation zur schöpferischen Auseinandersetzung mit der Umwelt wächst und ebenso das Vertrauen in die eigenen Fähigkeiten. Der Stolz, eigene Lösungen produziert zu haben, macht stark und fördert das Unabhängigkeitsgefühl.

Der Konsum von Suchtmitteln ist – altersbedingt – manchmal sogar eine subjektiv erlebte kreative Möglichkeit, Entwicklungsaufgaben zu lösen. Auf der pädagogisch erforderlichen Suche nach »funktionellen Äquivalenten« (Kastner/Silbereisen 1988) zur Suchtmittelbenutzung müssen wir selbst schon ganz schön kreativ sein. Dies fällt uns bestimmt nicht immer leicht, obwohl wir Einfallsreichtum gerade von den Kindern und Jugendlichen erwarten. Im Gegensatz zum herkömmlichen Schulbetrieb, der Kreativität nur in sehr begrenztem Maße fördert, ist die Praxis von vorschulischer Erziehung einerseits und Jugendarbeit andererseits schon ein ganzes Stück weiter. Die Förderung kreativer Fähigkeiten ist selbstverständlicher Bestandteil vor- und nachschulischer Pädagogik, in der offiziellen Schulzeit wird der Kreativität wenig Beachtung geschenkt. Bereits bei

Einstellungstests der Industrie wird zunehmend die Fähigkeit, kreativ zu denken, geprüft – in der betrieblichen Praxis wird sie seit einigen Jahren verstärkt eingefordert. Der geringe Stellenwert von schulischer Erziehung in/zu Kreativität auch in den nichtmusischen Fächern wird in der Praxis durch Stundenstreichungen und fehlende Berücksichtigung der alltäglichen Kreativitätsförderung sichtbar (vgl. hierzu Huhn 1990).

Vom suchtpräventiven Standpunkt aus ist es selbstverständlich, daß Kreativitätsförderung nicht auf einzelne Disziplinen oder Schulfächer zu beschränken ist, »... weil es darum geht, das kreative Potential jedes einzelnen Schülers, so schwach und gering es auch immer beschaffen sein mag, optimal nutzen, zu vergrößern, so weit das immer möglich ist«, und weil »... ein Vertreter eines einzelnen Faches selbst möglicherweise nur begrenzt über die Fähigkeiten verfügt, kreative Prozesse auszulösen, kreatives Verhalten zu stimulieren, kreative Akte zu bemerken, wenn sie zufällig stattfinden« (Ebert 1973).

Die Förderung und Unterstützung von kreativen Potentialen der Kinder und Jugendlichen unter suchtpräventiver Zielrichtung findet zwar theoretisch die Unterstützung bei vielen PädagogInnen, die praktische Umsetzung wird oft reduziert, vermieden oder abgewehrt mit der Begründung: »Ich kann doch gar nicht gut malen oder zeichnen, das sollen lieber andere tun.«

Dabei geht es doch gar nicht allein um Zeichnen oder Malen, sondern um die Möglichkeiten, den Umständen entsprechend neue Lösungswege zu probieren, divergentes Denken zu initiieren; es geht auch um Wahrnehmen, Assoziieren, Dissoziieren, Suchen, Entdecken, Zeigen. (Vergleiche hierzu die Übungen 1, »Bilder assoziieren«, 25, »ICH und DU«, 29, »Drei Lernsituationen«, 48, »Dialog ohne Worte«, 95, »Die gute Tat«.)

Durch wiederholtes Bereitstellen von Orten und Zeit, in denen Kreativität freigesetzt werden kann, bereiten wir den Kindern und Jugendlichen einen emotionalen Zugang zu Lerninhalten, die persönliche Bedeutsamkeit und Einzigartigkeit sichtbar werden lassen (z.B. in den Übungen 4, »Name und Symbol«, 6, »H0-Figur und Knetmasse«, 34, »When I'm Sixty-

Four«). Hierbei können die präverbalen Lernkanäle durch Zeichnen, Malen oder Formen ebenso genutzt werden wie das darstellende Spiel (verbal/nonverbal), die Film-/Videoarbeit, das kreative Schreiben oder einfach nur ein themenzentriertes Brainstorming. Das Arbeiten mit den sogenannten kreativen Medien ermöglicht den Teilnehmenden einen spielerischen, aber intensiven Zugang zu Gefühlen und Erfahrungen, die auf einer bloßen verbalen Ebene nicht zu erreichen wären. Nicht JedeR traut sich Fähigkeiten in all diesen Bereichen zu. Besuche von Fortbildungskursen verringern aber eine mögliche Scheu vor ungewohnten Arbeitstechniken – der Preis dafür ist meist nur etwas Zeitaufwand und viel Spaß.

Eine wichtige Voraussetzung für kreatives Arbeiten ist allerdings die Schaffung einer vertrauensvollen Atmosphäre, in der schöpferische Potentiale möglichst »unzensiert« zugelassen, gefördert und positiv verstärkt werden. Dies bleibt eine wichtige Aufgabe besonders in der Schule, die per se suchtpräventive Auswirkungen zeigen wird, wenn die Basis für gefühlsmäßige Sicherheit kontinuierlich vergrößert wird. »Solange der einzelne gefühlsmäßig verunsichert ist, wird er keine besondere Bereitschaft zeigen, ein intellektuelles Risiko einzgehen. Viele wagen den Bereich der gesicherten Aussage nur zu verlassen, wenn sie eine entsrechende Absicherung durch die jeweilige Gruppe erfahren« (Sikora 1972).

Neben der alltäglich notwendigen Integration von kreativen Prozessen in die Pädagogik bietet sich die Arbeit in Projekten hervorragend an. In der Schule wird zunehmend und mit großem Erfolg auf die fachliche Unterstützung von darstellenden oder bildenden Künstlern zurückgegriffen, in der Jugendarbeit ist die Zusammenarbeit mit Künstlern auf Honorarbasis seit längerer Zeit Bestandteil von Projektarbeit zur Sucht- und Gewaltprävention. So kann von Berliner Schulen und Jugendeinrichtungen z.B. ein sogenanntes »Hip-Hop-Mobil« angefordert werden, von dessen Mitarbeitern die Jugendlichen zum Dichten, Singen, Tanzen, Sprayen und zur Musikproduktion animiert und angeleitet werden. Anschauliche Darstellungen von medienpädagogischen Prozessen und Ergebnissen der Projekte »Liebe und Sucht« und »Alles Banane« finden sich bei Bartsch/Knigge-Illner (1988), Veröffentlichungen über weitere Projekte sind über das Berliner Büro für Suchtprophylaxe bei der Senatsverwaltung für Jugend und Familie zu erhalten. Gleichermaßen faszinierend bei der Arbeit in Projekten sind einerseits der Entstehungsprozeß, bei dem viele Jugendlichen von ihnen selbst nie erwartete Fähigkeiten entwickeln und Interesse für ungewohnte Aktivitäten geweckt wird, sowie die Präsentation des Produktes (Modenschau, Musik-/Theateraufführung, Ausstellung, Film).

Jugendarbeit im außer- bzw. postschulischen Bereich bietet zwar mehr Raum, Material und Personal für Kreativität als Schule, ist aber auch ständig von Sparmaßnahmen bedroht und betroffen.

Ein weiteres interessantes Beispiel für außerschulische Arbeit mit Jugendlichen ist die Einrichtung von sogenannten »Mobilen Teams« für Suchtprävention in Berlin, die einige Jahre lang attraktive Projekte gemeinsam mit Jugendlichen planten und durchführten. Endprodukt ist auch hier meist eine öffentliche Aufführung. Auf dem Wege dorthin durchlaufen die Jugendlichen nicht nur kreative Prozesse, sondern machen auch wichtige persönliche Erfahrungen. Eine Intention des Konzeptes »... liegt in der Förderung von Handlungs- und Bewältigungskompetenzen durch aktive Einbeziehung der Jugendlichen in realitätsnahe Produktions- und Gestaltungsprozesse. Die Jugendlichen sollen dadurch in die Lage versetzt werden, jugendtypische Anforderungen (›erwachsen werden‹, Entwicklung sexueller Identität, Anerkennung in der Gleichaltrigengruppe, berufliche Perspektiven finden, Aufbau eines eigenen Wertesystems) zu bewältigen.« (Senatsverwaltung für Jugend und Familie, Berlin o. J.).

Auch wenn die Ziele sehr hochgesteckt erscheinen und es natürlich nie eine Erfolgsgarantie geben kann, so zeigen sie doch eine Richtung auf, die es zu verfolgen lohnt. Die Förderung von Kreativität in der Erziehung wirkt also auf vielfältige Weise suchtpräventiv. Sie ermöglicht z.B.:

- emotionale Unterstützung durch die Gruppe,
- Akzeptanz von Individualität,
- Entwicklung von Handlungsalternativen durch divergentes Denken,
- Hilfe bei der Identitätssuche,
- Erweiterung des expressiven Repertoires (körperlich, nonverbal, schriftlich, bildnerisch, musikalisch),
- Erleben von Erfolg, Vergrößerung des Selbstwertgefühles.

Auch wenn die Förderung von Kreativität und das Arbeiten mit kreativen Medien für manche Kinder und Jugendlichen bereits therapeutische Funktion haben kann, so ist es doch wichtig zu beachten, daß in der pädagogischen Arbeit keine Therapie betrieben wird. Begleiten, Unterstützen, Kreieren und Reflektierenlassen sind pädagogische Aktionen – das Interpretieren oder therapeutische Intervenieren sollte den Fachleuten überlassen werden.
Weiterführende empfehlenswerte Literatur, Übungen und Praxisberichte zu verschiedenen kreativen Bereichen:

Darstellendes Spiel: Lück: (1991), Thiesen (1985, 1990, 1994).
Kreatives Schreiben: Ehrlich/Vopel (1985 Teil 1, Jack/Steindl (1991; Berufsschule), Schüler: (1991; Grundschule) von Werder (1990), Fritsche (1989).
Malen etc.: Ehrlich/Vopel (1985, Teil 2), Höper (1991; Gesamtschule), Schlottenloher (1989; Einführung).
Unterrichten: Thanhofer u.a. (1992), Scala (1990).
Kinder-/Jugendarbeit: Aktionsgemeinschaft Alkoholprävention (1995), BZgA (1995).
Kommunikation und Interaktion: BIL (1995).

Genuß »*Frohen Herzens genießen*«
(Zigarettenreklame)

Mal ehrlich: Hat uns die erste Zigarette damals geschmeckt? Genießen wir heute wirklich das dritte Glas Wein? Wann haben wir das letzte mal eine Mahlzeit genossen? Es ist lohnenswert, sich daran zu erinnern, daß auch der Alltag Zeit bietet, etwas zu genießen. Der pädagogisch gutgemeinte Rat der Eltern, nicht zu schlingen, sondern zu genießen, kommt oft nicht bei den Empfängern an. Subtiler, aber auf einprägsame Weise geht da die Werbung mit ihren Zielgruppen um.

Das Waren- und Vergnügungsangebot der Industrieländer ist immens und unübersichtlich, zur besseren Orientierung wird uns verwirrend viel Genuß versprochen, siehe oben, des weiteren auch »Genuß ohne Reue« (bei fettarmen Produkten), »Lust auf Genuß« (bei Schokolade), »Genuß im Stil der neuen Zeit« (beim Rauchen), »Genuß pur« (beim Hochprozentigen), die Liste der Genüsse vergrößert sich wöchentlich.

Die alltäglichen Animationen zum Gebrauch legaler Suchtmittel sind Bestandteil unserer Kultur – die möglichen gesundheitlichen Gefahren wie z.B. Abhängigkeit werden durch das »Zauberwort« Genuß minimalisiert. Aber wer genießen kann, ist weniger suchtgefährdet. Oder anders: »Wer nicht genießen kann, ist meist auch ungenießbar.«

In unregelmäßig wiederkehrenden Abständen sind Initiativen zu beobachten, die eine Einschränkung bzw. ein Verbot der Werbung für legale Suchtmittel in bestimmten Medien zum Ziel haben. Die Forderungen sind meist ehrenwert, sie entstehen oft aus dem hilflosen Gefühl, Gefahren abwenden zu müssen, die von werbenden »Dealern« in Konzernetagen geplant und billigend in Kauf genommen werden. Ein Werbeverbot hätte meines Erachtens nur einen sehr zweifelhaften suchtpräventiven Charakter, da die Werbe- und Sympathieträger des Familien- und Freundeskreises viel effektiver arbeiten. Auch wenn der Marlboro-Mann der neuen Generation nicht mehr genießerisch und entspannend im Film rauchen würde (der Marlboro-Cowboy, der in den achtziger Jahren den Lagerfeuer-Raucher verkörperte, versuchte als Krebskranker in seinem letzten Lebensjahr, den Zigarettenkonzern auf Schmerzensgeld zu verklagen), auch wenn die Bacardi-Clique nicht mehr im Palmenschatten bei tropischer Hitze ihre Drinks genösse: Es blieben andere, täglich verfügbare Vorbilder: Eltern und Freunde.

Der beispielgebende Umgang dieser Vorbilder mit Suchtmitteln, meist sind es Zigaretten und Alkohol, ist für Kinder oft noch abschreckend, für Jugendliche aber eher animierend. Die Verhaltensweisen, die zur Nachahmung angeboten wurden, implizieren u.a. ein Versprechen, den Genuß. Wenn Genuß, manchmal erst nach mehrmaligem Gebrauch, erlebt wird, liegt es nahe, dies Gefühl wieder zu erlangen (siehe Übung 56, »Suchtentwicklung«). Dem Wissen um mögliche Gesundheitsgefahren wird der Wert des Genusses übergeordnet. Auch der Selbstbelohnungseffekt durch Genuß kann konditionieren. Die beschriebenen Effekte müssen bis dahin noch nicht zwangsläufig erschreckend sein, kennzeichnen sie doch ein durchaus normales gesellschaftliches Verhalten. Führt also der höchst individuelle Faktor Genußbedürfnis, verstärkt durch den Faktor Gesellschaft und die leichte Verfügbarkeit des Mittels, auf sicherem Weg zur Suchtgefahr?

Es besteht kein Anlaß zur Resignation, außer wir konstruieren ihn. In meiner Praxis im Umgang mit PädagogInnen erlebe ich beim Thema Suchtfaktoren oft resignative Tendenzen, dabei bietet gerade der Bereich »Genuß« die Möglichkeit zu vielversprechenden Alternativen, wenn wir uns auf die Suche begeben. Wir könnten sogar von der Werbung lernen, siehe Übung 13, »Werbung und Sehnsucht«.

Während z. B. allein die Zigarettenwerbung Genuß und Geschmack, Spannung und Abenteuer, Entspannung und Entdekken, Lebensfreude und Kontakte verspricht, könnten wir in der Pädagogik mit unseren Ideen und Möglichkeiten dieselben Werte sinnlich erlebbar machen. In der institutionalisierten pädagogischen Praxis wird allenfalls noch in der Grundschule diesen Werten genügend Aufmerksamkeit geschenkt, spätestens nach Beginn des Eintrittes in die Oberschule ersetzen kognitiv erwerbbares und auswendig zu lernendes Wissen emotional erlebbare und handlungsorientierte Lerninhalte. Dabei wäre es lohnenswert, die obengenannten, mit Genuß assoziierbaren Begriffe in die traditionellen Lehrinhalte zu integrieren. Welchen Stellenwert könnten zum Beispiel Entspannung oder Entdeckungslust im Mathematikunterricht einnehmen?

Im Brainstorming-Verfahren oder in kollegialer Arbeitsrunde lassen sich gut Vorschläge für die Integration genußbetonter und kognitiv zu erwerbender Inhalte finden. Die Übungssammlung bietet vielfach Beispiele, wie dem Genuß auf kognitiver, sensorischer oder emotionaler Ebene Aufmerksamkeit geschenkt werden kann, z. B. die Übungen 2, »3 Fragen zum Genuß«, 56, »Suchtentwicklung«, 36, »Daumen hoch«, 65, »Schule macht süchtig«, 66, »(Suchtpräventions-)Spiel«, 71, »Den anderen etwas Gutes tun«, 81, »Wie Kinder genießen«, 87, »Rücken an Rücken« und andere.

Bei Fortbildungsveranstaltungen im schulischen Bereich zum Thema Praktische Suchtprävention werden häufig Ideen entwickelt und Forderungen für eine zukünftige Praxis aufgestellt. In einigen Schulen werden sie mit viel Engagement und Erfolg auch praktisch durchgesetzt. Genuß bzw. Freude finden sich z. B. in folgenden Ideen und Projekten wieder:

- Gemeinsames Klassenfrühstück.
- Selbst- oder Partnermassage zur Entspannung (auch vor Klassenarbeiten).
- Spielfeste contra Freß- und Trinkfeste.
- Erlebnis- bzw. handlungsorientierter Unterricht.
- Offener bzw. Projektunterricht (auch selbst-organisiert).
- Lernproduktpräsentation: Ausstellungseröffnung, Tanz-, Theater- oder Videoaufführung, Musikproduktion.
- Cafeteria in Eigenregie (Schüler, Eltern).
- Klassenfahrten mit Selbstversorgung.
- (Bitte ergänzen!)

Beim Lernfeld »Genuß« gilt – ebenso wie bei den anderen Übungen und Aktivitäten – die Regel: Jede selbstentwickelte oder modifizierte Idee zur Suchtprävention ist besser als ein »aufgewärmtes Fertiggericht« aus irgendeiner Übungssammlung. Wer sich aber Anregungen holen möchte von weiteren praxisbezogenen Beispielen und Übungen, findet diese bei:

BZgA (1994, Eßgewohnheiten), Bartsch/Knigge-Illner 1987/88, Burow/Quitmann/Rubeau 1987, Burow/Kaufmann 1991, Voigt-Rubio 1990, Bilstein/Voigt-Rubio 1991, Andreas-Siller 1991, Beck/Wellershoff 1989, BZgA 1988, Walker 1991 und 1992, Preuschoff/Preuschoff 1992, Praxis Schule 5–10 1995.

Verantwortung »*Be your own chairman.*«
(Ruth Cohn)

Wo liegt die Grenze zwischen Genuß und Mißbrauch, zwischen verantwortungsvollem Umgang mit Genuß- bzw. Suchtmitteln und dem Gegenteil, der verantwortungslosen Selbstschädigung? Wer von uns schon einmal mit Lust ein Stück Schokolade nach dem anderen gegessen hat, konnte feststellen, wie schwer einerseits das Beenden des Naschvorgangs fallen kann, wie leicht andererseits das Gelüst über die Vernunft siegen kann. Dabei sind wir als Erwachsene ebenso wie bereits viele Kinder bestens über die gesundheitlichen Nachteile des Süßigkeitengebrauchs informiert. Das Ziel, einen verantwortungsvollen Umgang mit einem alltäglichen Genußmittel zu erreichen, wird in der Erziehung durch sehr frühzeitige Warn- und Informationssignale eingeleitet: »Süßes macht deine Zähne kaputt!« Das Stoppen der Genußmittelzufuhr durch die Erziehungsverantwortlichen wird ihnen mit Ärger und Mißmut quittiert: »Ich will aber mehr!« Dann werden Grenzen gesetzt, oder es wird an die Vernunft appelliert. Wie häufig wird in der Erziehung von Kindern etwas erwartet, was den Erwachsenen selbst nur ungenügend gelingt: verantwortlich zu sein.

An diesem Beispiel erkennen wir sehr schnell, wie wenig wirkungsvoll auch die beste Aufklärung und Information bei uns selbst und auch anderen gegenüber sein kann. Diese Erkenntnis braucht uns aber nicht zwangsläufig dazu zu führen, den Informationsaspekt zu ignorieren. Sicherlich ist eine sachliche, fachlich fundierte Information über Gefahren von Substanzen, Handlungen bzw. Suchtmitteln notwendig und zeugt von Verantwortungsgefühl der Erziehenden – die Handlungsentscheidung wird aber von jeder Person im Kopf individuell gefällt. Jeder ist dann für die Handlung psychisch und physisch verantwortlich und muß die Konsequenzen dafür tragen. Findet allerdings Aufklärung ohne genügende Berücksichtigung der Lebens- und Erlebnissituation von Kindern und Jugendlichen statt, sind unsere Präventionbemühungen von geringer Effizienz.

Verantwortung für sich zu übernehmen (»Be your own chairman«) ist ebenso Inhalt des Entwicklungs- bzw. Erziehungsprozesses vom Kind zum Erwachsenen wie auch die Aufgabe, in zunehmendem Maße Verantwortung für andere(s) zu übernehmen.

Gering ausgebildete Verantwortungsfähigkeit in beiden Richtungen kann allerdings selbst unter bestimmten Umständen zur Suchtursache werden. Beachtenswert sind in diesem Zusammenhang geschlechtsspezifische Variablen. Zwei Beispiele hierzu:

1. »Noch immer werden Mädchen, vielfach unbewußt, nach einer bestimmten Rollenvorstellung erzogen, zu der gehört, daß ihre Aufgabe im Helfen, Unterstützen und Dienen besteht. Die Mütter liefern das Vorbild. Hausfrau und Mutter – und natürlich Sexualobjekt – zu sein, gilt nach wie vor als die eigentliche Bestimmung der Frau ... Viele Frauen fühlen sich oft nicht als ganze Menschen, wissen kaum, was sie möchten oder nicht möchten, können sich selbst nicht leiden, und es lohnt sich für sie nicht zu leben, wenn sie nicht für jemanden anderen als ›nur‹ für sich selbst leben können. Bei der süch-

tigen Frau tritt dieses Phänomen fast immer auf« (Schäppi 1987.)
2. Der mehr oder weniger verantwortungsvolle Umgang mit einem Suchtmittel, z.B. dem Alkohol, wird Männern und Frauen in der öffentlichen Bewertung unterschiedlich zugestanden, toleriert und durch Erziehungsideale gefördert (siehe hierzu die Übungen 73, »Männlich – weiblich« und 76, »Männer sind nicht nur als Babys blau«).

Stellen wir uns die Szene einer Clique von biertrinkenden jungen Männern vor, wir können sehr deutlich die psychosozialen Faktoren der Konsumhandlung erkennen. Man(n) wird laut, gesellig in der Gruppe, sich abgrenzend gegen andere, sich stärkend mit den anderen. Das Trinken nimmt häufig und gruppendynamisch notwendig einen ritualisierten Charakter an: das »einen ausgeben«, das Öffnen von Bierflaschen z. B. mit dem Feuerzeug, das Zuprosten (ursprüngl. lateinisch: Es möge nützen!), das Anstoßen, bis etwas Schaum aus dem Flaschenhals strömen möchte, und auch die Körperhaltung, die Selbstsicherheit demonstrieren soll. In dieser Situation verantwortungsvolles Verhalten praktizieren zu können wird unter dem Gruppennormdruck in zweierlei Richtung schwierig sein: Der persönliche Ausstieg aus dem Ritual ist ebensowenig populär wie die Hilfe zum Ritualausstieg gegenüber dem Altersgenossen, der sein Maß überzogen hat. Spotten stärkt wiederum den Spotter.

Selbst bei exzessivem Alkoholkonsum, d.h. bei zeitweise deutlich sichtbaren Verhaltensänderungen, existiert in unserer Gesellschaft eine unterschiedliche Erwartungshaltung und Akzeptanz Männern und Frauen gegenüber. Wie differenziert, zum Teil offen sexistisch der Volksmund die Eigenverantwortung für den Alkoholkonsum benennt, spricht für sich: Wenn ein junger Mann alkoholisiert aus der Rolle fällt, wird ihm leichter verziehen als einer jungen Frau. Der Mann hat sich nur »einen hinter die Binde gegossen«, die Frau sollte »sich lieber nicht so gehenlassen«, der junge Mann darf sich »die Hörner abstoßen«, die »Sau rauslassen« oder »voll einen draufmachen«. Die Frau darf höchstens einen »niedlichen Schwips« haben, sonst wirkt sie »ordinär«, der Mann darf schon mal »den Macho raushängen lassen«. Bei männlichen Übergriffen wird häufig die Opfer- und Täterrolle vertauscht, die Frau hat sich ja »aufreizend« verhalten.

Die gesellschaftlichen Normen, die geschlechtsspezifisches Rollenverhalten determinieren, finden sich natürlich (?) auch in der Erziehung durch die Familie wieder. Der unterschiedliche verantwortungsvolle Umgang mit Suchtmitteln (hauptsächlich Alkohol, Nikotin und Pharmaka) wird genauso am »Lernmodell Eltern« abgelesen und signifikant häufig reproduziert wie die geschlechtsspezifischen Erwartungen bezüglich der Verantwortungsübernahme bei der Hausarbeit. Kindermann (1991) hat in diesem Zusammenhang zehn Fragen und Anregungen für Eltern erstellt, von denen mir eine besonders gut gefällt: »Sind die Aufgaben in der Familie gerecht verteilt, oder führt Mutter ein Hotel?«

Dem Lern- und Übungsfeld Verantwortung muß also ein wichtiger Platz in der Suchtprävention eingeräumt werden. Lernen und Praktizieren von Verantwortung findet in der professionellen und familialen Pädagogik in unzähligen alltäglichen Situationen statt, die nicht vorgeplant sein müssen, es ist sinnvoll, sich immer wieder an deren präventiven Stellenwert zu erinnern. Dann erst erhalten die vorgeschlagenen Übungen zum Verantwortungslernen ihre notwendige Basis.

Auch das Wahrnehmen und Beobachten von Kindern und Jugendlichen in ihren sozialen und ichbezogenen Verhaltensweisen kann uns Signale möglicher Suchtgefährdung aufzeigen: Sehr gering entwickeltes Verantwortungsgefühl und Verhalten kann ebenso problematisch sein wie stille Angepaßtheit. Ausgeprägtes egozentrisches Verhalten ist genauso ein Signal für eine mögliche Gefährdung wie eine immer wieder zu beobachtende Mitläuferhaltung. Die von Laien oft gestellte Frage: »Woran erkenne ich denn, daß ein junger Mensch suchtgefährdet ist?«, läßt sich weniger an der Größe seiner Pupillen beantworten als an der Größe seiner Verantwortungsfähigkeit.

Während in Schule und Jugendarbeit zumindest vom Anspruch her das Lernfeld Verantwortung als selbstverständlicher Bestanddteil des Erziehungsauftrages angesehen wird, so nimmt in der praktischen Arbeit von Therapieeinrichtungen für Süchtige das Verantwortungslernen den vermutlich größten Raum ein. Für die schul- bzw. jugendorientierten PädagogInnen kann der Blick über den professionellen »Tellerrand« ganz nützlich sein: In der Therapie wird in mühseliger Kleinarbeit versucht, daß Süchtige wieder lernen, Verantwortung für ihr Handeln zu übernehmen, wir können und sollten in der Pädagogik rechtzeitig und kontinuierlich durch Verantwortungslernen vorbeugend tätig werden. Dabei geht es nicht um die Forderung einer Therapeutisierung der Pädagogik – obwohl die Durchführung von Übungen und die Reflexion darüber durchaus therapeutische Funktion durch das Erleben von Verhaltensalternativen haben kann. Es geht vielmehr um die Be-Sinnung, jungen Menschen bei der Bewältigung ihres Lebens alltäglich helfen zu können. Jede Aktion, die Verantwortung beachtet, lehrt und fördert, ist daher per se suchtpräventiv, jede Übung, die Verantwortung impliziert und praktizieren läßt, ebenso. Siehe hierzu z.B. die Übungen 51, »Lebendige Kamera«, 58, »Gemeinsam blind kneten«, 68, »Führen und führen lassen«, 88, »Haus – Baum – Hund«, u.a.

Eine Besonderheit im Lern- und Übungsfeld Verantwortung gilt es allerdings zu beachten: Die Assoziationskette »Pädagogik → Erziehen zur Verantwortung« erscheint in den meisten Fällen logisch und notwendig. Für Kinder mit suchtkranken Eltern gilt es aber nicht zu lernen, sich gegenüber den Elter(teilen) noch mehr verantwortlich zu fühlen. Es kann auch nicht Lernziel sein, noch mehr Verantwortung für den/die Suchtkranken zu übernehmen. Hier ist eher eine sensible Unterstützung in Richtung Nein-sagen-Können oder Abgrenzungsfähigkeit (siehe Lernfeld Orientierung) erforderlich, also nicht ein Lernen von Verantwortung, sondern ein Lernen über Verantwortung. An diesem Beispiel werden zweierlei suchtpräventive Grundsätze deutlich: 1. Wer von Verantwortung spricht, muß die Dualität »Verantwortung für andere ↔ Verantwortung für sich selbst« beachten. 2. Die Intentionen oder Lernziele einer Übung können im Einzelfalle konträr zur Situation der Lernenden stehen. Empfehlenswerte Übungen für den Bereich Selbstverantwortung sind z.B. 22, »Wenn ich ..., dann ...«, 41, »Nein-Dialog«, 43, »Mein Kind dürfte ...«.

Verantwortung zu lernen und zu üben ist grundlegend notwendig für Suchtprävention als auch für Gewaltprävention, da Sucht und Gewalt ähnliche bzw. identische Ursachen haben können: zum Beispiel gering entwickeltes Selbstwertgefühl, Suche nach Anerkennung und Position, mangelnde Wahrnehmungsfähigkeit bezuglich eigener Gefühle, eingeschränktes Verhaltensrepertoire in Konfliktsituationen. In der pädagogischen Literatur, die zur Zeit den Gewaltursachen und der Gewaltprävention sehr viel Beachtung schenkt, finden sich dementsprechend auch etliche Anregungen für die Praxis. Besonders die vielfältigen Beispiele und Übungen zur Konfliktbewältigung sind genauso anwendbar und funktionell in der Suchtprävention. Siehe hierzu Walker 1991 und 1992, Preuschoff/Preuschoff 1992 und 1994, Hagedorn 1994 und BIL 1994.

Die Anleitenden in Schule und Jugendarbeit neigen oftmals dazu, besonders viel Verantwortung tragen zu wollen. Dies führt für manche wiederum zur kräftezehrenden Extrembelastung – das Burnout-Syndrom wird vor allem in den pädagogischen Berufen sichtbar und immer stärker. Der Slogan »Be your own chairman« als praktisches Angebot an die Kinder und Jugendlichen zum verantwortungsvollen Umgang mit sich selbst und anderen könnte suchtpräventiven Effekt für beide Parteien, die Lehrenden und die Lernenden bzw. die Betreuer und die Betreuten, bieten. In diesem Sinne weist diese so differenziert und umfassend zu erlernende Fähigkeit »Verantwortung« bereits auf das benachbarte Lern- und Übungsfeld »Orientierung« hin.

Orientierung   »*Hinter jeder Sucht steckt eine Sehnsucht*«
(K. Harten)

Kinder und Jugendliche haben Entwicklungsaufgaben zu lösen, die sie vor sehr hohe Anforderungen stellen, besonders deutlich und schwierig zu bewältigen sind diese in der Pubertät. Orientierungshilfen zur Bewältigung werden in unterschiedlicher Intensität akzeptiert oder abgelehnt, die Angebote stammen hauptsächlich von vier erziehungsrelevanten Einfluß-«Kräften«: den Peers, der Familie, den Medien und der Schule bzw. den außerschulischen Institutionen, die sich untereinander jeweils stark widersprechen können.

Wer allein durch die Tatsache, näher an das Erwachsenenalter heranzurücken, in Sehnsüchte oder Verunsicherungen gerät, sucht natürlich nach Orientierung, darf dies allerdings öffentlich oder manchmal auch sich selbst gegenüber nicht zugeben. Das Bedürfnis nach Selbstbestimmung und Unabhängigkeit von familiären oder schulischen Normen wird in der Regel durch Anpassung an Peer-Normen ersetzt (Einstellungen, Verhaltensweisen, Mode), die wiederum häufig eine Angleichung an adoleszente bzw. erwachsene Normen darstellen, z.B. »Rauchen heißt erwachsen sein« oder »Harte Alkoholika sind für harte Männer«. Vergleiche hierzu die Übungen 13, »Werbung und Sehnsucht«, oder 75, »Was, du rauchst (trinkst) nicht?«.

Schwieriger, als sich gegen Schule oder Familie abzugrenzen, ist es, seinen Freunden oder meinungsführenden Altersgenossen gegenüber Individualität zu finden und zu bewahren. Die Übungen 77, »Wir drei Musketiere«, oder 41, »Nein-Dialog«, zeigen Schritte zur Unterstützung.

Wir Erwachsenen können oder mögen uns oft gar nicht mehr hineinversetzen in die inneren und äußeren Konflikte, die Jugendliche in ihrer Entwicklung bei der Orientierungssuche durchzustehen haben. Ein Blick in die spezifische Literatur (allgemeine Entwicklungspsychologie/Jugendforschung; Hurrelmann 1991, Kindermann 1991, Tossmann 1993, ist sicherlich zum Grundlagenverständnis sinnvoll, die Literatur kann jedoch den persönlichen Kontakt und die damit zusammenhängenden Informationen als Beziehungsfundament nicht ersetzen.

Gerade in pädagogischen Kreisen, aber auch in Elternhäusern und -kreisen werden die visuellen Medien gerne in kausalen Zusammenhang zu abweichendem Verhalten wie Sucht oder Gewalt gebracht. Sicherlich können Medien eine Funktion in Hinblick auf negativen Vorbildcharakter ausüben (Gewaltverharmlosung, Scheinwelt, direkte oder indirekte Werbung), ohne die verstärkenden Verhaltensbeispiele der erwachsenen Bezugspersonen verlieren sie aber an Wirkung. Auch der umgekehrte Effekt ist beachtenswert: Jugendliche benutzen Fernsehen, um ihr Weltbild zu prüfen und Orientierung zu erhalten. Wenn allerdings der Fernsehapparat zur wichtigsten Bezugsperson wird, kann sein Einfluß gewichtig sein. Hier ist Elternarbeit ebenso vonnöten (siehe Kapitel 3.4, »Zusammenarbeit mit Eltern«) wie das Wissen und die Reflexion über das aktuelle Freizeitverhalten, siehe z.B. die Übungen 11, »Collage: ›Ich‹«, und 44, »Freizeittorte«.

Das Orientierungsbedürfnis Jugendlicher geht einher mit einer – zumindest von Außenstehenden wahrnehmbaren – periodischen Labilisierung. Beispiele hierfür sind gerade bei körperlich weitentwickelten Jugendlichen zu beobachten: regressive Verhaltensweisen (Schreien, Weinen bei scheinbar geringen Anlässen, Raufen) oder die Benutzung von Kindheitsattributen (Nuckel, Plüschtiere, »Tigerenten«). Daneben werden »erwachsene« Verhaltensweisen praktisch erprobt (Umgang mit Genuß- oder Suchtmitteln, Rollenverhalten, Sexualität, Demonstration von Stärke). Als Beobachtungsmodelle für dieses Orientierungsbedürfnis dienen auch wir. Alle im pädagogischen Bereich Tätigen leisten ihre jeweils spezifischen inhaltlichen oder personellen Beiträge zur Orientierung, bewußt oder unbewußt (vergleiche hierzu die Übungen 38, »Ich lehre, was ich bin«, und 62, »Lehrer, die wir hatten«). Damit aus der Labilität eine zunehmende Stabilität wird, ist von unserer Seite aus ein bewußtes und behutsames Umgehen mit diesem Lern- und Übungsfeld nötig.

Jugendliche lesen die zur Lebensbewältigung notwendigen Verhaltensweisen in unserer Gesellschaft an unterschiedlichsten Lernmodellen ab, probieren, sortieren, adaptieren und bewerten das, was sie bei den anderen erleben. Zum Aufbau ihrer Identität sind sie mit existentiellen Themen konfrontiert, deren angemessene Bewältigung ihnen große Schwierigkeiten bereiten kann: Ablösung von den Eltern/Erziehungspersonen, Sexualität und emotionale Sicherheit, die Position bei Gleichaltrigen, Leistungsanforderung in Schule oder Ausbildung, Konsumbedürfnisse und materielle Unsicherheit, Risikoverhalten und persönliche Begrenztheit, Wertewandel. Diese prägen und dominieren in unterschiedlicher Stärke den Alltag. Der Konsum von Suchtmitteln, besonders Alkohol und Zigaretten, aber auch illegalen Drogen und Arzneimitteln, wird zu einem subjektiv hilfreich erlebten Verhaltensmuster. Objektiv gesehen sind diese Verhaltensweisen eine problematische, aber weitgehend normale und vorübergehende Form der Lebensbewältigung (siehe hierzu: Hurrelmann/Hesse 1991). Welche Konsequenz kann diese Erkenntnis für unser Handeln haben?

Jeder kleinste Beitrag, Kindern und Jugendlichen bei der Bewältigung von Entwicklungsaufgaben Orientierung zu geben, ist ein suchtpräventiver Beitrag. Resignations- oder Ohnmachtsgefühle auf seiten der Erziehenden sind verständlich, aber nicht produktiv.

Die obengenannten entwicklungsrelevanten Themen werden immer wieder im pädagogischen Alltag in den Vordergrund kommen, häufig störend und zur unpassenden Zeit! Das Wissen um Funktion und Notwendigkeit dieser Erscheinungen kann uns hoffentlich die Integration der Themen in die alltägliche Arbeit erleichtern. Kinder und Jugendliche haben gerade an uns als Erziehungs- und Beziehungspersonen den Anspruch auf Orientierungshilfe, auch wenn sie von ihnen im nächsten Moment wieder demonstrativ abgelehnt wird.

Die Orientierung an anderen – dazu gehören neben Adaptionswünschen auch die Abgrenzungswünsche – können wir erleichtern, indem wir immer wieder Reflexionsmöglichkeiten im

Hinblick auf identitätsbesimmenden aktuellen Wertesystems schaffen. Dies kann schon mit Spielen und Liedern im Kindergarten beginnen, siehe hierzu Andreas-Sillner (1991). Praktische Anregungen zum Thema Suchtprävention und Geschlechtsidentität finden sich in Tossmann (1995). Im Deutschunterricht kann Suchtprävention/Orientierungshilfe bei der Literaturauswahl geschehen, die interessante Identifikations- oder Abgrenzungsfiguren bereithält. Im Geschichts- oder Sozialkundeunterricht kann eine Identifikation im Rollenspiel neue oder bekannte Denk- und Verhaltensweisen praktisch erfahrbar machen. In der Jugendarbeit bieten sich Film-, Video- oder Theaterarbeit an, in andere Identitäten zu schlüpfen und eigene Perspektiven zu überprüfen, siehe hierzu Veröffentlichungen über Berliner Suchtpräventionprojekte (Senatsverwaltung für Jugend und Familie 1993) sowie die BZgA-Mappe »Info-Set« (BZgA 1988).

In unserer Übungssammlung finden sich viele Anregungen, wie sich Kinder und Jugendliche ihrer identitätsprägenden Wertvorstellungen bewußt werden können, unter anderem die Übungen 5,»Muschelvielfalt«, 21,»Daumen hoch«, 30,»Ich bin ein A«, 31,»Werteklärungsprofil«, 77,»Die drei Musketiere«.

Grundsätzlich sind für die suchtpräventive Arbeit alle Gestaltungsformen sinnvoll, die eine Auseinandersetzung mit den individuellen Wertesystemen zulassen, unterschiedliche Verhaltensmöglichkeiten erkennen und erproben lassen, die Unabhängigkeit fördern und die Persönlichkeit stärken. Adressaten des Lern- und Übungsfeldes Orientierung sollten allerdings nicht nur die Lernenden sondern auch die Lehrenden selbst sein. Es ist lohnenswert, aber noch nicht selbstverständlich, daß sich PädagogInnen Zeit nehmen, eigene Positionen, ihr Werte- und Orientierungssystem inclusive ihrer daraus abgeleiteten Normen erkennen, benennen und gemeinschaftlich reflektieren. Hilfreich hierfür können folgende Übungen sein: 19,»Was ist mir wichtig?«, 27,»Wertewandel« oder auch 38,»Ich lehre, was ich bin«.

Viele pädagogische Fortbildungsveranstaltungen, aber auch Supervision bieten die Möglichkeit, intensive Erfahrungen in diesem Lern- und Übungsfeld zu sammeln. Eine zunehmende gemeinschaftliche Lern-, Übungs- und Reflexionsbereitschaft der PädagogInnen würde in zweierlei Richtung Impulse entstehen lassen: für sich selbst und für den Arbeitsplatz.

Der bewußte Umgang mit dem eigenen Wertesystem und das Kennenlernen der Werte(systeme) anderer setzt eine wichtige Eigendynamik in Gang: Die Werte werden benannt, verglichen und relativiert. Auch wenn sie – legitimerweise – abgelehnt werden, fühlen wir uns im Vergleich entweder bestätigt und bekräftigt, oder wir werden neugierig. Beide Reaktionen können die Wege unseres Handelns beeinflussen, aus der Orientierung wird dann eine zielgerichtete Handlung. Unterschiedliche Wertvorstellungen führen bei gleichem Thema zu unterschiedlichen Verhaltensweisen, das Praxisbeispiel Zigarettenrauchen von Kindern und Jugendlichen kann dies sehr plastisch verdeutlichen:

Der Wert »Gesundheit« ist in der Werteskala der 10jährigen Grundschülerin Anke sehr hoch angesiedelt. Alleine schon das unfreiwillige Einatmen wird von ihr als Belästigung empfunden, Besuchern ihrer Eltern versteckt sie schon einmal die Zigaretten. Sie kennt aus dem Unterricht und aus dem Kinderfernsehen die Schädlichkeit des Rauchens. Nie würde sie zur Raucherin werden, sie ist ja nicht blöde. – Fünf Jahre später ist Anke eine der wenigen Schülerinnen ihrer Realschulklasse, die noch nicht regelmäßig raucht. Auf der letzten Klassenfahrt hat sie sich eine Schachtel Zigaretten gekauft, eigentlich schmecken ihr Zigaretten ja gar nicht so besonders, aber sonst ist es doch so öde, und bei den Rauchern ist immer was los ...

Der Wert »Dazugehörenkönnen« oder »Sichablenken«, »Etwas-Besonderes-Machen« wird von Anke nun höher geschätzt als der Wert »Gesundheit« inclusive möglicher körperlicher Spätfolgen. Der Wunsch, einen oder mehrere Bereiche aus einem anderen Wertesystem zu adaptieren, hat zu zielgerichtetem Handeln geführt. Was können wir aus diesem Beispiel für die Suchtprävention lernen?

Einerseits müssen wir akzeptieren, daß Jugendliche bestimmt Freiräume (auch verbotene) nutzen, um ihr sich veränderndes Wertesystem zu realisieren, während unsere Einflußnahme gering sein kann. Andererseits könnte das Bedürfnis nach Wertorientierung auch im pädagogischen Sinne befriedigend genutzt werden. Wenn hinter jeder Sucht eine Sehnsucht steckt, dann heißt Prävention zuert einmal, Sehnsüchte sichtbar werden zu lassen. Wir können der Formulierung von Wünschen und Zielen in der Pädagogik Raum und Zeit geben, den jungen Menschen bei Schritten zur Realisierung helfen oder gemeinsam funktionelle Alternativen erlebbar machen (siehe die Übungen 6, »H0-Figur und Knetmasse«, 10, »Schule gestern – Schule morgen« und 89, »Die Traumschule«). Ein Massagekurs zum Beispiel kann vielleicht mehr dem Bedürfnis nach Kontakt, Wärme und Anerkennung durch Gleichaltrige entsprechen als eine »bierselige« Fete, bei der man sich doch nicht näherkam, bis auf zwei Jungs, die sich unbedingt prügeln wollten ...

Suchtpräventive Funktion haben Übungen des Lernfeldes Orientierung, wenn die Kinder und Jugendlichen das Gefühl bekommen, wahr- und ernst genommen zu werden.

Auf spielerischem Wege können so manche Lernprozesse initiiert werden, die die bereits zitierte alltägliche Vorbildrolle sinnvoll inhaltlich ergänzen können. Orientierungslosigkeit wird medienwirksam oft als Ursache für Gewalt- oder Suchtentstehung beschrieben, an der Elternhaus und Schule gefälligst tätig werden sollten. Die jeweiligen Parteien sehen sich darin oft überfordert und weisen sich die Aufgaben gegenseitig zu. Um nicht in der Aufgaben- bzw. Schuldzuweisung steckenzubleiben, könnten wir aber durch viele verschiedene kleine Bausteine suchtpräventiv tätig werden. Eine effektive Form des Erlernens von sinnvollen, zielgerichteten Verhaltensweisen bietet hierbei nicht die pädagogische Einbahnstraße »Lehrende → Lernende, sondern nur das gemeinsame Arbeiten. Anschauliche Beispiele hierfür sind im Themenheft der Zeitschrift Pädagogik 6/92 zu finden. Mit Hilfe von Methoden der von Robert Jungk entwickelten Zukunftswerkstätten und der Gestaltpädagogik werden Modelle eines lebendigen und zukunftsorientierten Lernens in verschiedensten Arbeitsbereichen vorgestellt. Eine kurzgefaßte Anleitung dieser Herangehensweise wird in der Übung 90, »Zukunftswerkstatt«, beschrieben.

Das Lernen und das Üben in den fünf Feldern Wahrnehmung, Kreativität, Genuß, Verantwortung und Orientierung ergeben ein buntes Mosaik, eine solide und breite Grundlage für praktische Suchtprävention in Verbindung mit der alltäglichen pädagogischen Arbeit. In dieser Kombination leisten sie eine wichtige und notwendige Hilfe zur Lebensgestaltung und Lebensbewältigung, zu Erlebnissen und Bestätigungen jenseits von Suchtmittelkonsum. Die erworbenen Ressourcen können in möglichen Konflikt- oder Problemsituationen abgerufen und genutzt werden.

Je intensiver wir uns aber mit diesen Lern- und Übungsfeldern in der Praxis auseinandersetzen, desto schneller werden wir wahrscheinlich merken, daß wir dabei auch an Grenzen stoßen können. Die Erfahrungen mit diesen Grenzen können schmerzhaft, aber sinnvoll sein, uns ärgerlich, aber auch kreativ machen. Im nächsten Kapitel werden wir uns mit diesen Grenzen etwas näher befassen.

3. Die Grenzen der Suchtprävention

3.1 Die eigenen Grenzen

1. »Die Grenzen der Suchtprävention sind dazu da, sich nicht eingrenzen zu lassen.«
2. »Wer Grenzen nicht erkennt, wird an ihnen scheitern.«

Diese Paradoxien bedürfen einer Erklärung. In unserer pädagogischen Praxis werden wir immer wieder die Erfahrung machen, daß unser Einfluß begrenzt ist. Kinder und Jugendliche suchen sich ihren Weg, wir, die pädagogischen »Wegweiser«, erfahren Widerstand, Ignoranz oder Mißachtung, obwohl wir doch meinen, an der richtigen Stelle zu stehen und zu wissen, wo es am besten langgeht.

Diese wiederkehrenden Begrenztheitserlebnisse führen zu unterschiedlichen Haltungen und entsprechender Routine (nicht mehr spüren können/wollen) — Resignation (nicht mehr weiterwollen) oder Burnout (nicht mehr können) sind die verbreitetsten Mechanismen, auf die unbefriedigende Situation zu reagieren (vgl. hierzu Meyer 1991). Da diese Phänomene zu den bekannten Suchtursachen zählen, ist rechtzeitige Vermeidung der Symptomursachen erforderlich. Auch wenn im Kollegium/Team noch keine Alkoholiker zu finden sind, lohnt es sich, suchtvorbeugende Maßnahmen einzuleiten. Das Verstehen von Motiven zum Suchtmittelgebrauch bei Jugendlichen erfordert zum Beispiel Mitarbeiter- bzw. Kollegiumsfortbildungen, die selbstreflektive und innovative Inhalte berücksichtigen (vgl. hierzu Übungen 8, »Der Griff zum Suchtmittel«, 46, »Vor der Sucht«, 65, »Schule macht süchtig«, oder 85, »Schule – Risiko oder Schutz«). Bei der Anwendung solcher Übungen sollte wiederum ein Prinzip gelten: Ich kann das am besten vermitteln, womit ich mich selbst auskenne. Wenn ich meine eigene Begrenztheit in der praktischen Erfahrung mit einer Übung erfahren habe, werde ich eher Verständnis für die Grenzen der Kinder und Jugendlichen haben. Darüber hinaus ist das Wahrnehmen der eigenen Grenzen ist der erste Schritt zur Vermeidung von eigenem süchtigen Verhalten. Die Veränderbarkeit der eigenen Begrenzung zu denken und gemeinsam Alternativen zu entwickeln stellen den zweiten und dritten Schritt dar.

Um die Grenzen, an die wir immer wieder stoßen, nicht als Hindernisse, sondern als Herausforderung anzusehen, benötigen wir einen Perspektivenwechsel, den wir nur aus einer Standortveränderung oder -erweiterung heraus stattfinden lassen können. Eine interessante Möglichkeit, Grenzen zu öffnen, bieten zum Beispiel selbstorganisierte Studientage, gemeinsame Fortbildungen unter der Anleitung von externen Fachtrainern. Die Palette von suchtpräventiven Spezialseminaren ließe sich alphabetisch ordnen und nach Belieben sinnvoll erweitern:

Atemtraining, **B**eratungsstellen, **C**oabhängigkeit, **D**arstellendes Spiel, **E**lternarbeit, **F**reinet-Pädagogik, **G**estaltpädagogik, **H**ofgestaltung, **I**nteraktionsspiele, **J**ugendentwicklung, **K**reativitätstraining, **L**ernstörungen, **M**alen und **M**usik, **N**aschereien (gesunde), **O**ffener Unterricht, **P**sychomotorik, **Q**ualifizierung, **R**auchfreie Schule, **T**hemenzentrierte Interaktion, **U**nterrichtsstörungen, **V**eranstaltungen, **W**ahrnehmung, **X**-periment **Y**, **Z**ukunftswerkstätten leiten.

Viele der Grenzen, an die wir in der Suchtpräventionspraxis stoßen, sind selbstfabriziert. Manche sind notwendig, zum Beispiel die Zeitgrenze – unserem Arbeitstag sollte genügend Rekreationszeit gegenüberstehen. Ebenso wichtig, aber oft nicht erkannt ist die Qualifikationsgrenze – Lehrer oder Sozialarbeiterinnen sind eben keine Therapeuten und sollten nicht deren Arbeit übernehmen. Manche Grenzen allerdings sind überflüssig, zum Beispiel der häufig zu beobachtende Rückzug in Lamentieren, Zynismus oder Resignation – doch wer selbst nicht mehr zum Weiterlernen bereit ist, gewinnt auch keine neuen Energien.

Wer sich dafür entschieden hat, aktiv an der Veränderung der eigenen Begrenzungen, der Erweiterung der persönlichen und fachlichen Kompetenz zu arbeiten, sollte dabei zwei Aspekte berücksichtigen. Sie lassen sich durch zwei Fragen verdeutlichen:

1. Was kann ich für mich tun?
2. Was kann ich für meine Kinder/Jugendlichen in der Institution tun?

Wenn eine der beiden Fragen inhaltlich nicht zufriedenstellend beantwortet werden kann, stoßen wir vielleicht bald wieder an unsere Begrenzungen.

Gegen die selbstproduzierten Grenzen läßt sich also bei einigem Zeit- und Energieaufwand etwas Sinnvolles tun, wer gerade eine Fortbildung besucht hat, kennt das Gefühl von Energie- und Ideenzuwachs. Weniger angenehm ist das Gefühl, wenn wir an andere Grenzen stoßen, die Grenzen nämlich, die uns von den Kindern und Jugendlichen aufgezeigt werden.

3.2 Die Grenzen der anderen

Veröffentlichte Zahlen von Rauchern, Alkohol- und Arzneimittelabhängigen, Drogenkonsumenten und -abhängigen lassen leicht den Eindruck entstehen, die bisherigen praktizierten Ansätze von Suchtprävention waren erfolglos. Der Gegenbeweis ist schwer zu erbringen, lag ein geglücktes Leben an erfolgreich praktizierter Suchtprävention? Allein die Fragestellung berücksichtigt nicht die Vielschichtigkeit und Vielfältigkeit der möglichen protektiven Faktoren. Umgekehrt macht es allerdings Sinn: Wenn wir Suchtprävention vermeiden, statt sie zu betreiben, werden wir Schaden anrichten.

Trotzdem können auch unsere bestgemeinten suchtpräventiven Ideen und Aktivitäten ohne nennenswerte positive Resonanz bleiben, wenn sie zur falschen Zeit am falschen Ort stattfinden oder mit fragwürdigen Inhalten die Zielgruppe erreichen. Man erinnere sich an traditionelle Nichtraucherkampagnen und Raucher»aufklärung« mit zigarettenhaltender Skeletthand in der Oberschule oder die Initiative »Keine Macht den Drogen«, die recht schnell von den Jugendlichen in »Keine Macht den Doofen« oder »Keine Nacht ohne Drogen« umbenannt wurde. Ähnliche zynische Reaktionen bei Jugendlichen rief auch der aufklärerische Slogan »Du machst dich kaputt, der Dealer macht Kasse« hervor. Wer sich abgrenzen wollte, dichtete flott: »Du lachst dich kaputt, dein Dealer ist Klasse.«

»Schule macht süchtig«

Etliche Kinder und Jugendliche werden in bestimmten Phasen für suchtpräventive Bemühungen schwer erreichbar sein, wenn sie zum Beispiel viel Zeit und Energien für ihre aktuelle Lebensbewältigung benötigen, schnelle »Lösungs«möglichkeiten aber vorgezogen werden. So wurde im Rahmen einer von K. Hurrelmann und E. Nordlohe vorgelegten Langzeituntersuchung von Jugendlichen im Alter von 12 bis 17 Jahren festgestellt, daß in den letzten Jahren der Alkoholkonsum leicht zurückging, Schüler mit Leistungsproblemen aber deutlich mehr Alkohol konsumierten. Die Zahl der täglichen Konsumenten wuchs von 2% der Zwölfjährigen auf 17% der Sechzehnjährigen. Arzneimittel wurden etwa zur Hälfte ohne Rücksprache mit Ärzten und oft mit Unterstützung der Eltern eingenommen. Besonders die schulischen Verlierer sind von den mittel- und langfristigen Auswirkungen dieses Suchtmittelkonsums betroffen. Versagenserlebnisse im schulischen Bereich wirken sich dementsprechend unmittelbar auf den Zigarettenkonsum aus. »Rauchen erscheint damit als ein Versuch, vom angeschlagenen Selbstwertgefühl abzulenken« (Hurrelmann/Nordlohe in ›Pädagogik‹ 6/1992). Die Institution und ihre immanenten Anforderungen werden also zum verstärkenden Faktor für mögliche

Suchtentwicklungen, der doppeldeutig interpretierbare Spruch »Schule macht süchtig« (Übung 65) wird für viele Jugendliche in einer Richtung Wirklichkeit.

Am Beispiel des Rauchens in der Schule werden die drei Aufgabenbereiche, aber auch drei verschiedene Grenzen der Suchtprävention sichtbar. Analog zum 3-M-Modell (Mittel – Mensch – Milieu) befindet sich die erste Grenze in der Unmöglichkeit, eine Verfügbarkeit des Suchtmittels auszuschließen, auch eine Kontrollverschärfung verringert nur geringfügig die Konsumentenzahl bzw. die Zahl der Einstiegswilligen.

Die zweite Grenze liegt in der weitverbreiteten mangelnden Kompetenz, persönliche oder soziale Schwierigkeiten und Konflikte mit anderen »Mitteln« anzugehen. Das Ziel, möglichst früh Jugendlicher zu werden und möglichst lange Jugendlicher/ Adoleszent zu bleiben, impliziert den Wunsch und das subjektive Gefühl, selbstbestimmte Lösungswege zu gehen. Dazu gehört für viele aber auch der Suchtmittelgebrauch, sporadisch, ritualisiert oder geregelt, jedenfalls nicht so, wie die Erwachsenen das gerne hätten.

Die dritte Grenze liegt in den sozialen Bedingungen, die die Jugendlichen vorfinden. Sei es, daß die Eltern, die Freunde, die Vorbilder rauchen oder daß die schulische Realität so »ätzend« ist – Grund genug, eine Rechtfertigung für sich oder die Pädagogenprofis zu basteln.

»Schuld sind immer die anderen«

Das Nichterkennen einer Grenze läßt uns leicht in eine Falle treten: Irgend jemand muß schuld daran sein, daß es nicht so läuft, wie wir es gerne hätten. Dieser Mechanismus greift bei Kindern und Jugendlichen ebenso wie bei Erwachsenen, auch PädagogInnen sind nicht immun gegen diese kurzsichtige Form von Problemanalyse. Wenn suchtpräventive Aktivitäten nicht wie geplant durchzuführen sind, lassen sich relativ schnell die Grenzen in der Zielgruppe oder in der Institution ausfindig machen. Vor allzu schneller Schuldzuweisung sollten sich aber gerade diejenigen hüten, die in der Suchtprävention tätig sind. Wie oft kann gerade diese Form der Entschuldigung beim Gebrauch von Suchtmitteln gehört werden! Es lohnt sich aber, bei der Problemanalyse darüber nachzudenken, ob bestimmte Schwierigkeiten nicht auch in einer unüberlegt gewählten Methode liegen könnten. Sicherlich setzen uns auch die jeweiligen institutionellen oder finanziellen Bedingungen Begrenzungen, wahrscheinlich gibt es aber auch innerhalb der festgefahrenen Arbeitsbedingungen Ansätze für sinnvoll praktizierte Suchtprävention.

Die vorgestellte Sammlung von Übungen, Ideen und Aktionen zur Suchtprävention kann helfen, die beschriebenen Grenzen durchlässiger zu machen oder sie als veränderbar wahrzunehmen. Trotzdem werden wir immer wieder an persönliche, strukturelle oder institutionelle Grenzen stoßen, und manche gute Ideen oder Pläne sind dann nicht zu verwirklichen.

Diese Tatsache zu akzeptieren heißt nicht, daß sich scheinbar festgefügte Verhältnisse nicht mehr verändern ließen. Ansatzpunkte zur Veränderung liegen neben der bereits erwähnten persönlichen Kompetenzentwicklung in der Optimierung des Kontaktes zu den drei wichtigen Bezugsgruppen der suchtpräventiven Partner:

1. dem Kollegium/Arbeitsteam als Primärpartner sowie den Ämtern/Beratungsstellen als Sekundärpartnern,
2. den Eltern bzw. Erziehungsberechtigten,
3. den Kindern/Jugendlichen selbst.

Eine Zusammenarbeit in Planung und Praxis mit diesen drei Bezugsgruppen erleichtert wiederum die Durchführung von Innovationen, zum Beispiel Projekte, organisatorische Veränderungen, Veranstaltungen, Schulversuche ... Spielräume sind vorhanden. Sie müssen nur gestaltet und genutzt werden.

Übertriebener Aktionismus ist hierbei allerdings ebenso fehl am Platz wie das Sichabfinden mit den Gegebenheiten. Im eigenen (suchtpräventiven) Interesse sollten wir aber bestimmte Aufgaben in realististischer Einschätzung unserer Kompetenz anderen überlassen.

3.3 Mitarbeiterbesprechungen/Konferenzen

Es ist oft zu beobachten, daß die Grenzen der suchtpräventiven Arbeit in den Kollegien/Teams selbst aufgebaut werden. Durch Grenzziehungen und Begrenztheiten vielfältiger Art wird die Arbeit somit ungewollt behindert. Es wird z.b. erwartet, daß alle an einem Strang ziehen, was aber kaum in der Realität praktiziert werden kann. Grenzziehungen finden auch statt, wenn sich Gruppen nach Sympathie, Aktivität, Kompetenz oder politischer Couleur bilden oder zumindest einer solchen zugeordnet werden. Suchtprävention kann aber nicht von einzelkämpfenden KollegInnen oder Kleingruppen durchgeführt werden, kollegiale Zusammenarbeit ist nötig, um die Kompetenzen und Aufgaben auf breiter Basis zu diskutieren. Unterschiedliche Standpunkte müssen dabei nicht zwangsläufig zu Barrieren werden, sie brauchen in der suchtpräventiven Arbeit auch nicht nivelliert zu werden. Kompromisse und Übereinstimmungen sind meistens wünschenswert, wichtiger als die Unterordnung in einer Mehrheit ist dagegen ein gegenseitiges Kennenlernen und Respektieren. Die Kinder und Jugendlichen besitzen sensible »Sortierfilter«, um zu erkennen, ob Haltung und Handlungsweisen der »Profis« für einen vertrauensvollen Kontakt ausreichend sind. Persönliche Differenzen und Abgrenzungen innerhalb eines Teams können dann sogar produktiv sein, wenn sich die Beteiligten ihrer bewußt sind.

Eine Organisation (Gruppe/Schule oder Freizeiteinrichtung) kann sich erst dann positiv entwickeln, wenn die Zusammenarbeit der Individuen und deren Bezugsgruppen optimiert wird. Dies gilt für die MitarbeiterInnen genauso wie für die Betreuten. Hierzu wäre es wichtig, mögliche Hemmnisse für den Organisationsfluß benennen zu können sowie Alternativen zu entwickeln. Da Organisationsentwicklung ebenso wie Supervision in pädagogischen Arbeitsfeldern noch nicht zur selbstverständlichen Serviceeinrichtung gehört, lohnt es sich zumindest, anhand von einigen Fragestellungen herauszufinden, wo/wie Suchtprävention effektiver stattfinden könnte. Im folgenden werden jeweils Checklisten vorgestellt, die als Fragen formuliert sind. Sie sollen dazu dienen herauszufinden, in welchen Bereichen eine Verbesserung stattfinden könnte durch Kooperieren, Delegieren und Planen. Die Fragen können nicht »richtig« oder »falsch« beantwortet werden, aber sie regen an, möglicherweise vernachlässigte Themen und Inhalte zu berücksichtigen, Strukturen durchschaubar zu machen, Ideen zu entwickeln. Sie stellen somit eine notwendige Ergänzung zur Übungssammlung dar.

- Wird vom Recht, die Tagesordnung mitzubestimmen, Gebrauch gemacht?
- Muß alles in der Großgruppe diskutiert werden, oder können auch Kleingruppen Inhalte oder Vorschläge ausarbeiten?
- Haben Konferenzen eher Mitteilungscharakter, oder steht die Pädagogik im Vordergrund?
- Wird hauptsächlich sanktioniert, diskutiert, geplant?
- Welche Rolle nehme ich wahr? Welche Rolle wäre mir angemessen?
- Wie könnte ich für meine Vorstellungen Bündnispartner finden?
- Wie gehen wir mit Unzufriedenheiten um? Alternativen?
- Wird von der Möglichkeit Gebrauch gemacht, ReferentInnen/Fachleute einzuladen?
- Kennen wir persönlich MitarbeiterInnen der Ämter (Jugendamt, Familienfürsorge, Familienhelfer, Schulpsychologischen/Sozialpsychiatrischen Dienst, Beratungsstellen …)?
- Was wissen wir über den Aufgabenbereich von institutionellen Partnern in der Suchtprävention?
- Nehmen wir Supervision/Intervision/Organisationsberatung in Anspruch?

- Sind wir über Fortbildungsmöglichkeiten informiert? Findet ein Austausch über Fortbildungserfahrungen statt?
- Machen wir Studientage/Projekttage/Teamfortbildungen/ Betriebsausflüge?
- Wie (häufig) gestalten wir Feste/Feiern/Sport- oder Spielveranstaltungen?
- Welches Mitspracherecht/Mitentscheidungsrecht haben Kinder/Jugendliche?
- Wer könnte seine speziellen Fähigkeiten einbringen?
- Welche Arbeiten sollten einmal andere für mich tun?
- Wer setzt Grenzen bei Innovationswünschen? Was läßt sich gemeinsam tun, um die Situation zu verbessern?

Die Checkliste kann ebenso zur Selbstrefexion wie auch zur gemeinschaftlichen Reflexion eingesetzt werden. Falls es in einem Kollegium oder Arbeitsteam nicht realistisch erscheint zu erwarten, daß sich bei suchtpräventiver Konzeption oder Arbeit alle Beteiligten auf eine Basis stellen können, so ist es besser, die Grenzen zu akzeptieren. Wenn dann eine Kleingruppe mit einer gemeinsamen Konzeption startet, kann diese durch gute Arbeit andere neugierig machen und durch ihre Öffnungsbereitschaft zögernde KollegInnen integrieren.

3.4 Zusammenarbeit mit Eltern

Kollegiale Kooperation erleichtert suchtpräventive Arbeit – Kooperation mit Eltern ist theoretisch auch sehr sinnvoll und notwendig, stößt in der Praxis allerdings häufig auf Schwierigkeiten und Grenzen. Eine dieser Grenzen ist die Erreichbarkeit, örtlich und psychisch. Wenn Eltern den Kontakt mit Schule oder außerschulischen Einrichtungen meiden wollen, gelingt ihnen das meist recht gut. Wenn Eltern wegen eigener schlechter Erfahrungen mit Personen aus dem Schul-, Amts- oder Verwaltungsbereich den Kontakt zu diesen vermeiden wollen, so ist ihnen dies auch sehr gut möglich, oft strahlt die Einstellung der Eltern auch auf ihre Kinder ab. Wir können von pädagogischer Seite diesen Kontakt bzw. die Zusammenarbeit nicht erzwingen, sosehr dieser auch notwendig oder wünschenswert wäre. In unserer Möglichkeit liegt es aber, Angebote zu machen, den Kontakt zu suchen, herzustellen und auszuweiten. Manche Kinder und Jugendliche lernen wir erst verstehen, wenn wir ihre Eltern kennengelernt haben. Neben dem telefonischen oder persönlichen Einzelkontakt gibt es den institutionalisierten Gruppenkontakt, den Elternabend. So legt das jeweilige Schulgesetz zum Beispiel fest, wie häufig Elternabende stattzufinden haben, die Intensität und Qualität des Kontaktes können aber LehrerInnen selbst bestimmen. Häufig wird von Elternseite das Thema Suchtprävention für einen Elternabend vorgeschlagen, wenn ein Anlaß dafür vorliegt. Dann wird von den LehrerInnen erwartet, neben der Wissensvermittlerrolle auch medizinische (Wie wirkt …?), polizeiliche (Wer hat …?) und sozialpädagogische Kompetenzen (Könnten Sie nicht vielleicht …?) zu besitzen. Aber genau wie Suchtprävention nicht mit Krisenintervention gleichgesetzt werden kann, so kann suchtpräventive Elternarbeit nicht heißen, einen Elternabend zum Thema Suchtprävention zu veranstalten. Einzelmaßnahmen sind in der Suchtprävention nämlich immer »die Tropfen auf dem heißen Stein« — sie verdampfen. Um nicht so schnell an diese Grenzen zu stoßen, empfiehlt es sich zu überprüfen, ob einige Punkte in der kontinuierlichen Elternarbeit beachtet werden:

- Wie formell/persönlich ist die Einladung zu Elternabenden?
- Wer bestimmt bei der Aufstellung der Tagesordnung?
- Können Vorbesprechungen/-planungen stattfinden?
- Wie läßt sich die Arbeitsatmosphäre verbessern?
- In welcher Form werden die Interessen der Eltern vorgetragen (sachlich/ängstlich/aggressiv…)?
- Werden Wünsche, Sorgen und Ideen der Kinder thematisiert/integriert?
- Welche Themen kehren immer wieder? Ist Methodenwechsel möglich?

- Wie ist die Balance zwischen Kritik und Kooperation auf beiden Seiten?
- Wird das eigene Vorbildverhalten thematisiert? Kann (in aller Behutsamkeit!) über den eigenen Umgang mit Suchtmitteln gesprochen werden?
- Wird das Freizeitverhalten der Kinder/Jugendlichen thematisiert?
- Gibt es einen Erfahrungsaustausch über den momentanen psychophysischen Entwicklungsstand, die aktuellen sozialen Tendenzen?
- Werden Vereinbarungen über den Gebrauch/das Verbot von Suchtmitteln bei Gruppenfahrten getroffen?
- Gibt es Kinder-Eltern-Pädagogen-Kooperation bei der Planung von Aktivitäten?
- Wird Suchtprävention als Erziehungsprinzip oder als Maßnahme verstanden?

Wenn die Vermittlung der Intention von Suchtprävention nicht als Einzelmaßnahme angesehen wird, sondern sich in der kontinuierlichen Arbeit widerspiegelt, kann es sinnvoll oder wünschenswert sein, einen Elternabend zu diesem Thema zu veranstalten. Ich habe gute Erfahrungen mit einem Thesenpapier gemacht, anhand dessen eine Diskussion über wichtige pädagogische und suchtpräventive Fragen stattfinden kann:

Elternaufgabe Suchtprävention – Themen, Thesen, Fragezeichen

1. Suchtmittel und Jugendentwicklung
Der Kontakt zu legalen und illegalen Suchtmitteln ist entwicklungsbedingt, er führt aber nicht zwingend notwendig zur Sucht.
Wie reagieren wir bei Verdacht oder Kenntnis?

2. Funktion von Suchtmitteln
Suchtmittelbenutzung (Probieren und Konsum) hat funktionellen Charakter.
Was suchen unsere Kinder/Jugendlichen?

3. Vorbildfunktion
Bezüglich Suchtmitteln klaffen Wissen und Handeln bei vielen Eltern auseinander.
Können wir Vorbilder sein?

4. »Peer«-Gruppe
Das Wort der Gleichaltrigen gilt oft mehr als das Wort der Eltern.
Wie können wir darauf angemessen reagieren?

5. Ablöseproblematik
Jugendliche müssen zunehmend selbständig ihren eigenen Weg finden und gehen.
Welche Rolle können wir dabei spielen?

6. Krisen
Pubertät ist die Zeit der Krisen (Persönlichkeitskrisen, Beziehungskrisen, Schulkrisen).
Krisen können zu Risikoverhalten (z.B. Suchtmittelgebrauch) führen.
Was können wir tun?

7. Alternativen
Wenn Suchtmittelgebrauch Funktionen hat, die wir kennen: Welche Aktivitäten, die weniger gefährlich sind, haben gleichwertige Funktionen?

Die Zeit, den Thesen- bzw. Fragenkatalog an einem Abend ausführlich zu behandeln, ist oftmals zu kurz. Durch diese Tatsache entsteht erfreulicherweise häufig in den Elterngruppen das Bedürfnis, an bestimmten Themenbereichen weiterzuarbeiten. Wenn bei den Eltern die Bereitschaft und Fähigkeit zum vertrauensvollen Gedanken- und Erfahrungsaustausch besteht, eignet sich auch der Einsatz von Übungen. Zur Frage »Was suchen unsere Kinder?« ist z.B. Übung 1, »Assoziationsübung mit Fotos«, oder modifiziert Übung 63, »Was fehlt meinen Schülern?«, hilfreich, die Frage »Können wir Vorbilder sein?« könnte in abgewandelter Form mit der Übung 38, »Ich lehre, was ich bin«, bearbeitet werden. Bei der Frage nach den Risikofaktoren könnte eine Liste von Risiko- bzw. Schutzfaktoren in Schule und Familie erstellt werden (siehe Übung 85, »Schule – Risiko oder Schutz?«). In der Elternarbeit Übungen anzubieten erfordert allerdings gute Moderatorenfähigkeiten, wer sich unsicher ist, ob ungewohnte Arbeitstechniken nicht gar Widerstände bei den Eltern erzeugen, sollte die gewohnte inhaltliche Diskussionsebene nicht verlassen.

Vertiefende Beispiele zum Thema Elternarbeit finden sich bei Bäuerle (1985) sowie bei Becker/Kaufmann (1988). Falls der Einstieg in das Thema Suchtprävention den Eltern erleichtert werden soll und allgemeine vorbereitende Informationen erwünscht sind, bietet sich das Verteilen von Informationsbroschüren an. Materialien für Eltern zum Thema »Einführung in die Suchtprävention« bieten die Bundeszentrale für gesundheitliche Aufklärung (Berlin; Bestellbroschüre anfordern), Krankenkassen (z.B. AOK, DAK) oder im Auftrag der Deutschen Behindertenhilfe Aktion Sorgenkind die Vorsorge-Initiative (Vorsorge-Initiative 1993).

3.5 Zusammenarbeit mit Kindern/Jugendlichen

Kenntnis über die spezifischen psycho-physischen Konditionen der Kinder und Jugendlichen zu erlangen, ist neben der Kooperation im Kollegiums- und Elternkreis eine Grundbedingung für gute suchtpräventive Arbeit. Darüber hinaus können wir aber mit Bedingungen konfrontiert sein, die unsere Arbeit behindern und begrenzen. Anhand folgender Checkliste können diese Bedingungen überprüft und gegebenenfalls optimiert werden.

- In welchen Bereichen wird Mitbestimmung von Kindern/Jugendlichen praktiziert? Ist eine Ausweitung denkbar?
- Wie groß ist der (Mit-)Entscheidungsrahmen für Kinder/Jugendliche?
- Gibt es Zeit und Raum für die Gefühle/Wünsche/Ideen der Kinder/Jugendlichen?
- Wie kommen Minderheiten zu ihrem Recht?
- Wird genügend Einzel-/Gruppenverantwortung an die Kinder/Jugenlichen übertragen? Ist eine Ausweitung denkbar?
- Können Vereinbarungen zwischen beiden Seiten getroffen bzw. eingehalten werden?
- Gibt es Verschwiegenheit?
- Gibt es Anlässe, sich/etwas zu feiern?
- Gibt es einen Rahmen für meine Einsatzbereitschaft? Kann ich mir/den anderen Grenzen setzen?
- Welche Arbeit sollten lieber andere (z.B. Fachleute) übernehmen?
- Welche MitarbeiterInnen von Ämtern/Beratungsstellen sollten wir gemeinsam kennenlernen?
- Kümmere ich mich mehr um die extravertierten oder die introvertierten Kinder/Jugendlichen?
- Wie steht es mit der Balance »Zeit für mich ↔ Zeit für die anderen«?
- Gönnen wir uns gemeinsam Zeiten der Ruhe/Entspannung ebenso wie Zeiten von Spaß/Spannung?

Alle aufgeführten »Checklisten« besitzen keinen Anspruch auf Vollständigkeit und sollten, den spezifischen Anforderungen entsprechend, modifiziert oder erweitert werden. Sie sollten als Sammlung von Denkanstößen dienen, suchtpräventives Handeln innerhalb der etablierten Kommunikations- und Organisationsstrukturen zu verbessern. Mögliche Grenzen, die bisherige Arbeit behinderten, könnten damit vielleicht nicht ganz abgeschafft, aber zumindest erweitert werden. Notwendig für die suchtpräventive Arbeit sind immer wieder Reflexion und Beachtung des aktuellen Bedingungsfeldes, ohne die sonst allen durchzuführenden Übungen die Basis fehlt.

3.6 Das Kind im Brunnen?
(Vom Umgang mit Konsumenten)

Bei steigendem Alter unserer Kinder und Jugendlichen werden wir es – statistisch gesehen – mit einer steigenden Zahl von Suchtmittelkonsumenten zu tun haben. Diese generell als »Süchtige« und damit als verloren für die Suchtprävention anzusehen ist bedenklich. Und zwar aus mehreren Gründen.

Panik ist ein schlechter Ratgeber. Die Kenntnis eines mehrmaligen Konsums von Suchtmitteln bedingt zwar – je nach Betroffenheit und Informationsstand der Beziehungsperson – eine mögliche Schreck- oder Angstreaktion. Diese sollte aber, momentan im Vordergrund stehend, nicht den Blick auf die Hintergründe trüben. Ein genaueres Hinsehen eröffnet Kontaktmöglichkeiten hinsichtlich der Person des Konsumenten und baut nicht unnütze Barrieren auf.«

»*Probieren kommt vor dem Studieren.*« Von manchen Gymnasiasten wird diese Redensart benutzt, um etwas lässig das eigene Konsumverhalten zu beschreiben. Auch die Kenntnis von mehrmaligem Suchtmittelkonsum sollte von pädagogischer Seite aus nicht per se als Sucht deklariert werden. Da das Probierverhalten – auch im Umgang mit Suchtmitteln – jugendtypisch ist, sollten wir dies eher als Regel denn als Ausnahme ansehen. Es wird in diesem Zusammenhang sogar von einer »Einheit von alterstypischer Entwicklung und Drogengebrauch« gesprochen (Kastner/Silbereisen 1988). Die Häufigkeit von entwicklungsbedingtem Suchtmittelgebrauch steigt bis zum 18. bzw. 23. Lebensjahr statistisch gesehen an und geht dann wieder zurück (ebd.). Aber: »Wer über das Stadium des Probierens von Drogen hinausgeht, signalisiert damit, daß er Probleme hat« (Heckmann 1988) ... oder recht bald welche bekommen könnte. Indem wir Suchtprävention als Stärkung des Selbstwertgefühles und als (Selbst-)Hilfe zur Lebensbewältigung ansehen, muß diese besonders auch auf suchtmittelkonsumierende Jugendliche ausgedehnt werden.

Wenn wir im Zuge unserer pädagogischen Arbeit etwas über den Suchtmittelkonsum eines Jugendlichen erfahren und einen Handlungsbedarf vermuten, sollten wir uns bzw. dieser Person einige Fragen stellen. Die folgende Auflistung von Fragen stellt wiederum keine Reihenfolge dar, sie soll nur als Orientierungshilfe dienen.

Fragen an uns selbst:

- Was will ich überhaupt erreichen? Aufklären – warnen – ins Gespräch kommen – Hintergründe erfahren – Einstellungen hören – Angebote machen – im Kontakt bleiben – an Fachleute weiterleiten – etwas anderes?
- Was kann ich leisten? Gespräch(e) führen – Hilfe anbieten – Zeit investieren – Elternkontakt suchen – Beratungsstelle anrufen – ... ?
- Was will ich auf keinen Fall? Sanktionieren – Polizei – zusätzliche Verantwortung auf mich nehmen – mich benutzen lassen – Arbeit für andere übernehmen – ... ?

Fragen an die betroffene Person, wenn ein Vertrauensverhältnis vorausgesetzt werden kann oder ein Beratungswunsch formuliert wurde:

- Darf ich dich über deinen Suchtmittelgebrauch fragen?
- Welche Funktion hat der Suchtmittelgebrauch?
- Wie lange ... ? Wie häufig ... ?
- Zu welchen Anlässen ... ?
- Unter welchen Bedingungen könntest du aufhören zu ... ?
- Kannst du dir Alternativen zu ... vorstellen?
- Möchtest du Unterstützung oder Hilfe haben? Von wem?
- (Wie) könnte ich dir helfen?
- Was kann ich für dich tun – was kannst du für dich tun?

Das Konsumverhalten von Jugendlichen sollte durch Selbsteinschätzung der Konsumenten relativiert werden. Als Instrument hierzu könnte die Unterscheidung »Probierkonsum – Gelegenheitskonsum – häufiger bzw. Dauerkonsum« dienen. Das Wissen der Konsumenten um Anlaß und Funktion des Konsums ist ebenso wichtig wie die die Formulierung der Bewertung des Tuns.

In der Praxis haben wir es eher mit der Vermutung eines Suchtmittelkonsums zu tun als mit der direkten Konfrontation (außer beim Nikotinkonsum). Es ist nicht unsere pädagogische Aufgabe, Detektivarbeit zu leisten. Es ist auch nicht unsere Aufgabe, therapeutisch tätig zu werden (außer bei therapeutischer Ausbildung und therapeutischem Auftrag). Hier sind unsere Grenzen deutlich gesetzt und notwendig. In unserem pädagogischen Auftrag steckt allerdings die Chance, in vielen kleinen Schritten suchtpräventiv tätig zu werden. Um diese kleinen Schritte im Alltag etwas bunter und effektiver zu gestalten, können uns die folgenden 99 Übungen hilfreich sein.

4. Übungen

Die nachfolgende Zusammenstellung von Übungen zur Suchtprävention stellt eine Fundgrube dar für Schule, Jugendarbeit und pädagogische Aus- oder Fortbildungsveranstaltungen. Die Übungen haben sich vielfach in der Praxis bewährt. Wer sie selbst ausprobieren bzw. anwenden möchte, sollte vorher eine Reihe wichtiger Punkte beachten:

Die Übungen sind nicht fein nach Intentionen sortiert, sondern unterteilt nach den Schwerpunkten »Selbsterfahrung und Selbsterkenntnis« sowie »Interaktion und Reflexion«. Je nach aktuellem Bedarf kann also gewählt werden zwischen dem intendierten Kontakt zum Ich und dem Kontakt zu anderen.

Die Schwerpunkte der Lern- und Übungsfelder überschneiden sich meist. Die Tabelle soll Hilfe zur Einordnung und Gewichtung geben.

Da die Übungen für die Adressatengruppen entsprechend modifiziert werden sollten, ist

nur eine Grobeinteilung für »Kinder«, »Jugendliche« und »Erwachsene« vorgenommen worden.

Alternativen bzw. Modifizierungen sind durch ein »❏« gekennzeichnet, wichtige Hinweise durch ein »☞«

Die Erfahrung durch das Mitmachen ist in jedem Falle besser als die Erfahrung durch das Lesen. Nach Möglichkeit sollten die Übungen im Kreis von »Profis« ausprobiert und reflektiert werden.

Die Übungen sind nicht als Rezepte anzusehen, sondern als Anregungen. Sie sollten variiert werden bezüglich der jeweiligen Situation, der eigenen Person, der Adressaten und der inhaltlichen Bedürfnisse (Bedingungsfeld Ort – Zeit – Personen – Inhalt). Die wörtlich formulierten Impulse am Anfang der Übungen sollen der Anschaulichkeit dienen. Spiel- Arbeits- oder Reflexionsphasen zwischen den Anleitungen oder Erklärungen sind durch »(...)« gekennzeichnet.

Manche Übungen sind sehr spezifisch auf den Bereich Sucht bezogen, die meisten Übungen thematisieren gar nicht oder nur am Rande Sucht bzw. Suchtmittel. Das ist gut so, unspezifisch praktizierte Suchtprävention ist der Boden, auf dem Wachstum stattfindet, suchtmittelbezogene Übungen dienen zur sinnvollen Ergänzung der alltäglichen präventiven Arbeit.

Manche Übungen sind aus anderen Zusammenhängen bekannt, manche wurden variiert und in neue Zusammenhänge gestellt. Suchtprävention dient nicht der Abgrenzung, sondern der Integration.

Die Erfolgskontrolle bezüglich der Intention einer Übung ist schwer herzustellen, da das Lernen mit suchtpräventivem Ziel nur in kleinen Schritten und langfristig erfolgen kann. Manchmal wird auch die beste Intention durch nicht vorweg geplante oder planbare Fakten/Bedingungen scheitern.

Grenzen und Begrenzungen der anderen müssen respektiert werden. Eine Verpflichtung, an bestimmten Aktionen teilzunehmen, kann zum Gegenteil von Suchtprävention werden. Die Freiwilligkeit der Teilnahme sollte gewährleistet sein, frei gewählte Selbstausgrenzung kann allerdings zur Ausgrenzung durch andere führen und konterkariert so unsere suchtpräventiven Bemühungen.

Ein empfindsamer Umgang mit dem Thema, sich und den anderen ist notwendig, die drei Punkte dieses Dreiecks sollten sich im Gleichklang befinden, wenn eine Übung ausgewählt wird. Unser pädagogisches Interesse deckt sich z.B. oft nicht mit der Befindlichkeit der Kinder/Jugendlichen, oder unsere Neugier ist größer als die Bereitschaft der anderen, sich auf Neues einzulassen.

Zu vermeiden ist ein Übungsvarieté oder eine Sonderveranstaltung. Eine Stunde suchtpräventiver Übungen ist nicht praktizierte Suchtprävention, sondern verschenkte Suchtprävention. Übungen sollten vielmehr intergrierter Bestandteil unserer pädagogischen Arbeit werden.

4.1 Übungen zur Selbsterfahrung und Selbsterkenntnis

1. Assoziationsübung

Intention: assoziative Auseinandersetzung mit dem Begriff »Sucht«
Lernfelder: Verantwortung, Orientierung
Material: ca. 50 Illustriertenbilder auf je einem DIN-A4-Blatt in Klarsichthülle

Die Bilder werden auf dem Boden ausgebreitet.

»Welches der Bilder könnte zum Begriff ›Sucht‹ passen? Entscheide dich für ein oder zwei Bilder, und stelle deine Gedanken deinen Nachbarn/der Gruppe vor.«

Die Übung eignet sich gut zum Einstieg in den Themenkomplex »Sucht«. Viele Facetten des Themas können, verbunden mit den individuellen Assoziationen und Erfahrungen, angesprochen und gesammelt werden. Die Illustrationen sollten vielfältige Assoziationsmöglichkeiten zulassen und möglichst keine direkten Hinweise auf Suchtmittel enthalten.

❏ *Alternativen:* Mit Hilfe der Bilder kann der Diskussionseinstieg in viele Themenbereiche erleichtert werden, z.B.:
Elternabend: »Was suchen unsere Kinder?«
Pädagogische Fortbildung: »Was macht mir in der Schule/ Jugendarbeit Spaß?«
Schulklasse: »Wie stelle ich mir mein Leben vor?«
Grupenarbeitsanfang im Fachunterricht: »Wie geht es mir heute?« oder »Was erwarte ich mir von unserer Zusammenarbeit?«

2. Drei Fragen zum Genuß

Intention: Reflexion der persönlichen Erfahrungen mit dem Genuß
Lernfelder: Orientierung, Verantwortung
Material: Schreibblätter

»Notiere auf einen Zettel die Antworten zu folgenden drei Fragen:
1. Was kann ich gut genießen?
2. Bei welchem Genuß setze ich mir ein Maß?
3. Welche Maßlosigkeit bei anderen stößt mich ab?
Besprecht danach in der Gruppe, was euch besonders auffiel.«

Die Übung bietet guten Anlaß, eigene Verhaltensweisen und Werte zu reflektieren. Beim gemeinsamen Austausch über gewonnene Erkenntnisse sollte besonders das Primat der Freiwilligkeit betont werden: Keine(r) darf gedrängt werden, etwas zu berichten.

Der gemeinsame Gedankenaustausch über die unterschiedlichen oder gemeinsamen Bewertungen ist meist sehr aufschlußreich und für das Gruppengefühl lohnenswert.

3. Blitzlicht

Intention: Bewußtmachen der aktuellen Gefühle, Einsatz von Körpersprache
Lernfeld: Wahrnehmung

»Sage uns in ein oder zwei Sätzen, wie es dir gerade geht.«
Das »Blitzlicht« ist in mehrfacher Hinsicht funktionell:

- für die Gruppenleitung: Wir wissen, wo wir die Gruppenmitglieder abholen,
- für die Gruppenmitglieder: Sie bekommen Kontakt zu ihren eigenen Gefühlen und erfahren, wie es den anderen geht,
- im Hinblick auf erstarrte Kommunikationsformen (»Wie geht's?« »Danke, gut!«) können aufgebrochen werden. Die/der einzelne wird als Person wahr-, ernst und wichtig genommen.

☛ *Hinweis*: Gruppen, die es nicht erwarten oder gewöhnt sind, nach ihrer Befindlichkeit befragt zu werden, könnten empfindlich bzw. abblockend reagieren (z.B.: »Ich schließe mich meinem Vorgänger an«).
Wenn die Übung nicht als Ritual angewandt wird, kann sie vor allem in der pädagogischen Fortbildung ein wichtiger Hinweis darauf sein, sich sich in Zukunft mehr nacheinander zu erkundigen als zu interpretieren (»Der sieht ja ganz schön müde aus!«).

❑ *Alternative*: Blitzlicht mit Geste. »Eine Blitzlichtrunde mit Worten geht so: Jede Person sagt mit nicht mehr als drei Sätzen, wie es ihr gerade geht. Laßt uns das einmal ohne Worte, nur mit Gestik und Mimik probieren.«
Die Runde kann personen-, themen- oder gruppenbezogen gestaltet werden. Der Verzicht auf das Verbale erfordert und schult einerseits das genaue Nachspüren und Hinsehen, andererseits das bewußte Einsetzen der eigenen Körpersprache.

☛ *Hinweis*: Kinder haben meist eine sehr ausgeprägte Körpersprache, mit zunehmendem Alter minimiert sich die Gestik. Gerade in der pädagogischen Praxis lohnt sich das genaue Hinsehen auf die alltägliche Körpersprache bei sich und bei anderen. Vorsicht bei Interpretationen von Beobachtungen, manchmal sind wir auf dem Holzweg!

4. Name und Symbol

Intention: Kennenlernen mit persönlicher Information
Lernfelder: Orientierung, Kreativität
Material: Papier DIN A4, weiß, bunte Stifte

»Zeichnet auf das Papier mit der Hand, mit der ihr sonst nicht schreibt, ein oder zwei Krakel. Nun darf wieder die ›Schreibhand‹ benutzt werden: Vervollständigt die Krakel zu Zeichen, Symbolen oder Bildern, die etwas mit euch zu tun haben. Laßt Platz für euren Namen und schreibt ihn, drei Finger breit, auf das Blatt.«

Je nach Platz kann das fertige Bild als Tischkarte aufgestellt, angeklebt oder an die Wand gepinnt werden. Der Austausch über die jeweiligen Arbeitsergebnisse ist weitaus informativer als das übliche »Ich heiße ... und arbeite ...«.

☛ *Hinweis*: Kinder und Jugendliche erfüllen die Aufgabe meist leichter als Erwachsene, die es nicht mehr gewöhnt sind, etwas zu zeichnen oder zu malen.

5. Muschelvielfalt

Intention: Selbstreflexion
Lernfelder: Orientierung, Wahrnehmung
Material: viele Muscheln, Notizblock

Die Muscheln werden in die Mitte der Gruppe gelegt. »Nimm dir eine Muschel, die dich interessiert. Sieh sie dir genau an, be-greife sie und beschreibe sie (wenn möglich, sogar in der Ich-Form) vor der Gruppe. Ein Gruppenmitglied notiert ohne Namensnennung alle genannten Eigenschaftswörter.«

Die Eigenschaftswörter werden an der Tafel/Wand gesammelt. Mit den notierten 50–70 Begriffen kann nach unterschiedlichen Fragestellungen zu verschiedenen Themen gearbeitet werden, z.B.: »Welche Eigenschaften passen zu mir /… lehne ich bei anderen ab /… würde ich gerne haben /… sind mir bei der Arbeit nützlich /… ordnet ihr mir zu (auf Zettel schreiben und weitergeben)?«

☛ *Hinweis*: Diese gute und effektive Übung zur Selbsteinschätzung bzw. Fremdeinschätzung könnte denjenigen schwerfallen, die nicht gerne etwas über sich preisgeben wollen. Die Identifikationsphase (»Ich bin schillernd, außen manchmal etwas rauh …«) ist spannend, aber vielleicht nicht für alle akzeptabel.

6. H0-Figur und Knetmasse

 Intention: kreative, vorerst nonverbale Auseinandersetung mit einem Thema als Vorbereitung für die Kommunikation
Lernfelder: Kreativität, Orientierung
Material: H0-Figuren (sprich: H-Null), unbemalt aus dem Modelleisenbahngeschäft, Knetmasse, weiß oder bunt, Blatt DIN A4 als Unterlage

»Sucht euch eine Figur aus, und knetet für diese eine Umgebung/Landschaft/Plastik zum Thema:

- ❑ So fühle ich mich wohl.
- ❑ So könnte Schule sein.
- ❑ Mein Weg in die Zukunft.
- ❑ (M)ein Weg für Suchtprävention.
- ❑ o.a.«

Die Themenauswahl ist abhängig vom gewählten Arbeitsschwerpunkt der Gruppe. Nach dem Kneten werden die Ergebnisse vorgestellt und erläutert, vielleicht auch mit einem Titel versehen. Die »Plastiken« besitzen oft hohen Symbolcharakter, der bei verbaler Behandlung der gewählten Thematik nicht so deutlich Gestalt angenommen hätte.

☛ *Hinweis*: Das Kneten ist für manche ungewohnt und unangenehm. Manche Erwachsene empfinden Kneten als kindlich und der Thematik nicht angemessen. In der Anfangsphase kann die Zielfindung etwas Zeit kosten, manche(r) setzt sich unter Druck, möglichst schnell einen Einfall parat zu haben. Die Arbeitsergebnisse faszinieren immer wieder durch ihre Vielfalt.

7. B.O.S.S.

Intention: Reflexion der eigenen Sozialisation, Werteklärung
Lernfelder: Kreativität, Orientierung, Genuß, Wahrnehmung
Material: Zeichenpapier DIN A3, farbige (Filz-)Stifte
Tafelbild:

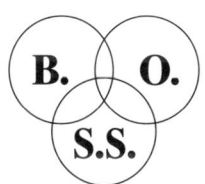

»Sucht euch eine(n) Partner(in), und füllt das Blatt mit drei ineinandergreifenden Kreisen. Bezeichnet sie mit B., O. und S.S. Malt oder zeichnet nun, ohne miteinander zu sprechen, Symbole, Zeichen oder Bilder in die Kreise nach folgender Fragestellung:

Wenn ich mich an meine Jugendzeit erinnere, als ich ... Jahre alt war, wo oder wie habe ich Bestätigung (B.) bekommen, woran oder an wem habe ich mich orientiert (O.), was hat mir Spaß bzw. Spannung (S.S.) bereitet?

Sprecht beim Zeichnen noch nicht miteinander, erst wenn ihr damit fertig seid. Was fällt euch auf, welche Gemeinsamkeiten/Unterschiede könnt ihr feststellen?«

Die Erinnerung an die eigene Jugendzeit und der Vergleich mit den Erlebnisbereichen und Wertmaßstäben der Jugendlichen »von heute« ist gerade für PädagogInnen ein interessanter Weg, Veränderungen und Parallelen über die Generationsdistanz hinweg zu betrachten. Diese können in der Partnerarbeit in persönlicher Form erkannt und besprochen werden. Abwandlung für Kinder und Jugendliche: Nur der Kreis S.+S. wird in Partnerarbeit gestaltet, anschließend werden die Ergebnisse besprochen und ausgestellt.

8. Der Griff zum Suchtmittel

Intention: Bewußtmachung von alltäglichen Verhaltensweisen, Suche nach Alternativen
Lernfelder: Wahrnehmung, Kreativität
Material: Knetmasse, weiß oder farbig, Papier DIN A4 als Unterlage

»Wir alle kennen wahrscheinlich Situationen, in denen wir zu einem Suchtmittel greifen oder gegriffen haben. Versucht einmal mit Knetmasse eine solche Situation in einfachen oder symbolhaften Formen darzustellen und gegen Ende der Darstellung zu überlegen, ob es noch andere Möglichkeiten anstelle des Suchtmittelgebrauches geben könnte.«

Diese Übung thematisiert den Suchtmittelgebrauch und mögliche »funktionelle Äquivalente« (Alternativen). Durch das Kneten ist genügend Zeit gegeben, sich Gedanken über den eigenen Suchtmittelgebrauch zu machen, ohne daß schnell verbal Alternativen gefunden werden müssen. Manche Ideen ergeben sich durch die Ruhe oder Aktivität des handwerklichen Arbeitens.

☞ *Hinweis*: Für manche ist die Aufgabe »Kneten + Reflektieren« schwer. Eine Atmosphäre ohne Zeit- und Leistungsdruck ist wichtig (Freiwilligkeitsprinzip betonen!).

❏ *Variante 1*: Die Suche nach Alternativen zum Suchtmittelgebrauch kann vom kreativen Arbeitsauftrag getrennt werden. Sie könnte schriftlich oder im Plenum nach gemeinsam betrachteter »Ausstellung« reflektiert werden.

❏ *Variante 2*: Pantomimische Darstellung der Zeit vom Griff zum Mittel bis zur Wirkung.

9. Ein Brief für mich

Intention: Selbstreflexion
Lernfelder: Wahrnehmung, Orientierung, Kreativität (kreatives Schreiben)
Material: Schreibblatt, Stift

»Stellt euch ein Mädchen oder einen Jungen vor, mit dem ihr es in der Schule/Jugendarbeit zu tun habt. Laßt nun diese Person, in deren Rolle ihr schlüpft, einen Brief an euch (ein Charakteristikum über euch) schreiben.«

Diese kreative Schreibübung erhält ihren Reiz aus der Dualität Selbstwahrnehmung ↔ Fremdwahrnehmung und ist ein guter Anlaß, die eigene (professionelle) Rolle zu reflektieren. Die Briefe müssen nicht im Plenum vorgelesen werden, das Intimitätsbedürfnis ist zu beachten. Besondere Aspekte oder Erkenntnisse sind es aber wert, der Gruppe vorgestellt zu werden.

❏ *Variante/Ergänzung*: Der Brief wird mit umgekehrtem Vorzeichen gelesen (aus positiv wird negativ und umgekehrt). Was ändert sich in meiner Selbsteinschätzung, was kann ich davon annehmen?

10. Schule gestern – Schule morgen

Intention: kritische Reflexion über schulische Sozialisation, Suche nach Alternativen
Lernfelder: Kreativität, Orientierung
Material: Papier DIN A5, Stifte

»Erinnert euch an eure Schulzeit, als ihr so alt wart wie die Schüler, mit denen ihr jetzt Kontakt habt. Findet ein oder zwei Synonyme für Schule, wie ihr sie damals erlebt und empfunden habt. Schreibt das jeweilige Wort (Nomen, Adjektiv) auf einen Zettel (...)

Stellt euch nun einmal vor, es wäre zehn Jahre später und Schule hätte sich in eurem Sinne positiv verändert – welches Synonym für Schule ließe sich jetzt finden? Schreibt das Wort auf die Rückseite des Blattes ...

Stellt der Gruppe eure Ergebnisse vor. Nachfragen ist erlaubt, diskutieren noch nicht.«

❑ *Variante für Jugendliche*: »Wie erlebt ihr Schule/habt ihr Schule erlebt? Wie sollte Schule in 10 Jahren aussehen?«

Die Übung dient zur Reflexion über eigene (Un-)Zufriedenheiten mit der Schule und deren positive Umgestaltungsmöglichkeiten. Erfahrungen, auch schmerzliche, können ausgetauscht werden; es bleibt aber nicht beim Beklagen, es werden neue Wege gesucht – ein wichtiger Aspekt für die Suchtprävention.

11. Collage: »Ich«

Intention: Selbstreflexion, Ich-Stärkung
Lernfelder: Orientierung, Kreativität
Material: Papier DIN A3, Zeitschriften, Klebstoff

»Sucht euch aus den Zeitschriften Bilder, Ausschnitte, Farben, Formen, die euch gefallen, und stellt sie zu einer Collage mit dem Titel ›Ich‹ zusammen ...

Sucht euch nach der Fertigstellung eine Person, der ihr euer Bild vorstellt und erklärt.«

Drei Aspekte dieser Übung sind von suchtpräventiver Bedeutung:

Die Selbstreflexion und der Entscheidungsprozeß über das, was ich schätze, was zu mir gehört, was ich anderen zeigen möchte,
der verbale Austausch mit einer Person meines Vertrauens, das »Sichöffnen« und »Sichzeigen«,
die Informations- und Vertrauensbasis wird vergrößert, es bieten sich Anknüpfungspunkte für weitere Gespräche.

12. Suchtprävention ist ...

Intention: Sammlung von suchtpräventiven Inhalten
Lernfeld: Orientierung
Material: Schreibpapier, Stift

»Suchtprävention kann auf vielfältige Weise betrieben werden. Jeder schreibt bitte zwei bis drei Aspekte von Suchtprävention auf, beginnend mit:
Suchtprävention ist ...«

Die Übung bietet die Möglichkeit, die verschiedenen Ideen bzw. Vorinformationen über Suchtprävention zu sammeln und einander vorzustellen. Anregungen können aufgenommen werden, auch wenn sie in der Anfangsphase für manche TeilnehmerInnen neue Fragen aufwerfen.

☛ Hinweis: Um kontroverse und kraftzehrende Diskussionen um den »richtigen« Weg der Suchtprävention zu vermeiden, kann eine Regel vereinbart werden: »Nachfragen ist erlaubt, Diskutieren (noch) nicht.«

13. Werbung und Sehnsucht

Intention: Reflexion von Werbung in Beziehung zu eigenen Sehnsüchten
Lernfelder: Orientierung, Kreativität
Material: Zigaretten-/Alkoholwerbung aus Illustrierten

»Hier sind etwa 20 Werbeanzeigen. Jede(r) sucht sich bitte eine Anzeige heraus, die sie/ihn besonders anspricht ...

Wenn wir davon ausgehen, daß jede Werbung etwas verspricht oder bestimmte Sehnsüchte von uns transportiert, auf welchen Aspekt bezieht sich die ausgewählte Reklame? Z.B.: Abenteuer, gute Laune, Gemeinschaft, Entspannung, Offenheit, Genuß usw.

Findet euch in Gruppen zu 3 bis 4 Personen zusammen und tauscht eure Gedanken, Gefühle, Wünsche bezüglich der Werbebotschaft aus.«

Zwei Alternativen für die Weiterarbeit in Erwachsenengruppen:

❑ »Vergleicht eure Ergebnisse mit der Welt der Gefühle und Wünsche der Jugendlichen, mit denen ihr arbeitet.« (Plenum)
❑ »Stellt euch vor, ihr seid Jugendliche, die besonderen Wert auf einen von euch genannten Aspekt legen. In einer Kleingruppe wollt ihr eine 14tägige Urlaubsreise planen. Findet eine gemeinsame, zufriedenstellende Lösung.« (Anschließend Erfahrungsaustausch im Plenum.)

Der Arbeitsprozeß kann sehr spannend und aufschlußreich sein. Bei der zweiten Alternative sollte die Lerngruppe Interesse am und Bereitschaft zum Rollenspiel mitbringen.

14. Wenn – dann

Intention: Reflexion über den Zusammenhang von Gefühl und Handlung, Kennenlernen von Alternativen
Lernfelder: Wahrnehmung, Identität
Material: vorbereiteter Lückentext

»Dies ist eine Übung, bei der man erfährt, wieviel Unterschiede, aber auch Gemeinsamkeiten mit anderen wir in vielen Situationen haben. Führt bitte die Satzanfänge zu Ende und hängt dann einen Satz daran, beginnend mit ›oder‹. Setzt euch anschließend zu dritt zusammen, und tauscht eure Erfahrungen aus.«

Beispiele für den Text:
Wenn ich mich freue ...
Wenn ich schlechte Laune habe ...
Wenn ich mich langweile ...
Wenn ich fröhlich sein will ...
Wenn ich unzufrieden bin ...
Wenn ich schlaff bin ...
Wenn ich aufgeregt bin ...
Wenn ich auf ein Fest gehe ...
Wenn ich ...

Die Übung enthält mehrere suchtpräventive Aspekte: Selbstwahrnehmung und Selbstreflexion, Erfahrungsaustausch, Kennenlernen und Respektieren der jeweiligen Positionen. Die Satzerweiterung mit »oder« aktiviert die Reflexion über mögliche Handlungsalternativen.

❏ *Alternative*: Herausnehmen des Wortes »ich«, Initiierung von imaginativen Situationen, z.B.: Wenn morgen ...
Wenn in unserer Gruppe ...
Wenn mein/e ...
Wenn es keine/n ...

Wenn meine Eltern ...
Wenn mir heute ...
Wenn (Name) ...

☛ *Hinweis*: Der vorgegebene Lückentext/Ergänzungstext sollte nur zur Inspiration dienen und entsprechend den Bedingungen der Lerngruppe konzipiert werden. Das Prinzip der Freiwilligkeit betonen; Intimitätsgrenzen sollten wie bei allen anderen Übungen respektiert werden.

15. Gestaltung meines Namens

Intention: Ich-Stärkung durch positives Feedback
Lernfelder: Kreativität, Orientierung, Verantwortung
Material: Papier DIN A4/DIN A3, bunte Stifte

»Schreibt, zeichnet, malt, verziert euren Namen, wie es euch gefällt und entspricht ...
  Wer fertig ist, hängt das Bild an. Laßt uns dann im Halbkreis um die Bilder setzen und sie nacheinander vorstellen, indem ihr etwas über den Entstehungsprozeß erzählt. Nach jeweils einer Bildvorstellung dürfen die anderen ihre Assoziationen zu dem Bild sagen, beginnend mit den Worten: ›Ich kann mir vorstellen, du bist ...(Adjektiv)‹ Achtet darauf, nur positive Äußerungen zu machen.«

Die jeweiligen »KünstlerInnen« erfahren in dieser Übung viel Anerkennung, vorausgesetzt, daß die in der Du-Form genannten Assoziationen ehrlich und verantwortungsvoll gemeint sind. Es muß klargestellt werden, daß die jeweiligen Beobachtungen und Assoziationen nur Vermutungen und keine Festschreibungen sind. Am Ende der Kommentierungsrunde sollte die Möglichkeit zu einer Erklärung oder Verifizierung gegeben werden, Diskussionen sind zu vermeiden. Meist ist die Atmosphäre von Spannung, Dankbarkeit und Freude geprägt.

☛ *Hinweis*: Falls die Übung mit Kindern durchgeführt wird, sollte der verbale, zweite Teil weggelassen bzw. der Gruppe angemessen modifiziert werden.

16. Tarot: Jetzt und später

Intention: Vergleich aktueller (Gefühls-/Sozial-) Situation mit Zukunftswünschen bzw. Sehnsüchten
Lernfeld: Orientierung
Material: Ein Satz Tarot-Karten (64)

»Die Tarot-Karten, die ich ausgelegt habe, sollen nicht zur Wahrsagerei benutzt werden. Sie sollen uns helfen, Ideen zu entwickeln. Sucht euch bitte zwei Karten heraus. Die erste soll für die Frage stehen: Wie geht es mir (heute/in der Schule/im Alltag)? Die zweite Karte steht für die Frage: Wie sollte mein Leben in fünf/zehn Jahren aussehen?

Laßt euch für die Auswahl Zeit, und setzt euch für den Austausch eurer Gedanken zu viert zusammen.«

Tarot-Karten besitzen einen enorm hohen Assoziationscharakter und sind gut geeignet, Identifikationsprozesse zu unterstützen. Indem sie aus dem »Ruch« von Wahrsagerei und Okkultismus genommen werden, können sie eine wichtige suchtpräventive Funktion erfüllen: eine Haltung von Selbständigkeit und Verantwortung bei persönlichen Entscheidungen für Gegenwart und Zukunft zu fördern. Der gemeinsame Austausch unterstützt die Kontaktfähigkeit sowie den Prozeß des Sich-öffnen-Könnens.

☞ *Hinweis*: Es dürfte nicht von suchtpräventivem Interesse sein, okkulte Neugier bei Jugendlichen zu wecken, die Karten können aber ein sehr gutes Assoziations- und Kommunikationsmedium sein.

17. *Angel-Cards*

Intention: Verbalisierung von Gefühlen und Wünschen
Lernfelder: Wahrnehmung, Kreativität
Material: 53 Angel-Cards

»Die Karten, die ich umgedreht ausgelegt habe, sollen dazu dienen, sich darüber Gedanken zu machen, inwieweit sie zu mir, zu meiner momentanen Situation oder zu meiner Vergangenheit oder Zukunft passen könnten. Du findest auf den Karten einen englischen Begriff, den ich dir bei Bedarf übersetzen kann, und die Abbildung eines Engels, der gerade mit etwas beschäftigt ist.«

Die Angel-Cards bieten sehr gute Assoziationsmöglichkeiten. Mittlerweile sind sie auch in deutscher Übersetzung zu erhalten. TeilnehmerInnen mit durchschnittlich guten Englischkenntnissen können die Begriffe (z.B. Power, Communication, Creativity, Adventure, Understanding, Patience etc.), dem jeweiligen Impuls entsprechend, auf ihre Situation übertragen und reflektieren. Passendes kann adaptiert, Unpassendes kreativ verändert werden. Gute Einsatzmöglichkeiten, um Befindlichkeiten, Resümee oder Ausblick zu formulieren. Die Karten eignen sich auch gut als Verabschiedungsritual nach längerer Gruppenarbeit.

❑ *Variante*: Wem das Zufallsergebnis durch das Wählen einer verdeckten Karte zuwenig zielgerichtet oder gar »esoterisch« erscheint, kann auch mit offenen Karten arbeiten. Oft ist aber gerade das Geheimnisvolle spannend und das Ergebnis überraschend stimmig.

18. Quasimodo

Intention: Spannung und Entspannung herstellen können
Lernfelder: Genuß, Wahrnehmung

»In dieser Übung geht es um Spannung und Entspannung. Kennt ihr Quasimodo, den Glöckner von Notre-Dame? Wenn nicht, dann zeige ich euch mal seine Körperhaltung: die Arme angewinkelt, die Schultern soweit hochgezogen wie irgend möglich. Macht das mal nach, am besten mit zugekniffenen Augen. Wenn's beginnt, weh zu tun, laßt auf einmal alles locker. Und noch einmal. Wie spürt ihr jetzt eure Nackengegend?«

Der Gegensatz Spannung – Entspannung, der intensiv am eigenen Körper erlebt wird, lenkt die Wahrnehmung um: von außen nach innen. Die Wahrnehmung für den eigenen Körper wird gefördert. Das Entspannungsgefühl, verbunden mit einer

Durchblutungsanregung der oberen Extremitäten, gibt Kraft für weitere Aktivitäten, z. B. Klassenarbeiten. Mattigkeit wird auf einfachem Weg zur Frische (ca. 3mal wiederholen), Jugendlichen kann einfach demonstriert werden, daß man Geist und Körper ohne pharmazeutische Hilfe beeinflussen kann.

☞ *Hinweis*: Entspannungstechniken werden zunehmend gerne und mit gutem Erfolg in die pädagogische Arbeit integriert. Wer sich für das praktische Erlernen dieser Techniken interessiert (sie müssen persönlich erprobt und geübt werden, um Sicherheit in der Vermittlung geben zu können), sollte z.B. für die »Progressive Relaxation« nach Jacobson die Angebote der Krankenkassen zu nutzen.

19. Was ist mir wichtig?

Intention: Werteklärung, Wertevergleich
Lernfeld: Orientierung
Material: Zettel, Stift

»Schreibt einmal, ohne euch bei den Nachbarn zu orientieren, zehn Tätigkeiten auf, die euch im Moment in eurem Leben wichtig sind. (…) Markiert dann die einzelnen Tätigkeiten mit Buchstaben.
  G = kostet Geld,
  Z = zusammen mit anderen,
  E = meine Eltern machen das auch gern. (…)
Sucht euch zwei PartnerInnen, und tauscht euch aus, was euch besonders auffällt, wo ihr Gemeinsamkeiten findet, worin ihr einzigartig seid.«

Eine gute Übung, auf selbstreflexivem Weg die eigenen Werte zu betrachten. Im gemeinsamen Austausch darüber ist das Entdecken von Gemeinsamkeiten ebenso wichtig wie die Betonung und Stärkung der Individualität.

20. Flucht und Suche

Intention: Kennenlernen von Suchtursachen
Lernfeld: Wahrnehmung, Verantwortung, Orientierung
Material: Tafel oder Flip-chart

»Ein Mensch, der zu Suchtmitteln greift, hat seine Gründe dafür. Laßt uns im Brainstorming-Verfahren alles sammeln, was euch dazu einfällt. Jede Nennung ist erlaubt, auch wenn sie für manche abwegig klingen mag.« (...)

»Laßt uns versuchen zu sortieren, ob dahinter eine Flucht vor... oder eine Suche nach ... etwas steht.« Kennzeichen der Begriffe mit »F« oder »S«. Falls Zuordnung unmöglich erscheint, »U«

❑ *Variation der Anfangssequenz*: Die Arbeit mit Bildern wie bei Übung 1, aber mit der Fragestellung: »Warum könnten Menschen zu Suchtmitteln greifen? Suche dir zwei passende Bilder heraus«

Es ist erstaunlich, welch klassische Zweiteilung bezüglich Motivation von Suchtmittelkonsum sichtbar wird. Die Anzahl der mit »U« gekennzeichneten Begriffe ist meist vernachlässigbar gering. Die Übung bietet eine gute Einstiegsmöglichkeit, Motive des Suchtmittelkonsums reflektieren zu lassen und den Ursachen für Suchtverhalten auf die Spur zu kommen. In Erwachsenengruppen, die ein hohes Vertrauensverhältnis zueinander entwickelt haben, ließe sich die Fragestellung in anderer, persönlicher Richtung variieren: »Was könnte für dich Anlaß eines Suchtmittelkonsums sein?«

21. Daumen hoch

Intention: Werteklärung, Wertevergleich
Lernfeld: Orientierung

»Vielleicht kennt ihr von den alten Römern das Symbol ›Daumen hoch‹ oder ›Daumen runter‹. In der Arena bedeutete dies manchmal die Entscheidung über Leben oder Tod. Wir wollen daraus aber etwas Harmloses, und trotzdem Sinnvolles machen. Jemand fängt an und macht eine Aussage, die er/sie gut findet. Die anderen machen dann den Daumen hoch, wenn sie dies auch gut finden, oder runter, wenn sie dies nicht so gut finden. Die Stellungnahme hat nichts damit zu tun, ob ich die Person gut finde, sondern betrifft nur die Aussage. Dann geht es im Uhrzeigersinn weiter. Laßt euch Zeit zu sehen, wer die gleichen Dinge oder Tätigkeiten mag.«

❑ *Variation*: Eine Person steht in der Mitte und sagt: »Alle wechseln die Plätze, die gerne ...«, wer als letzter keinen Platz gefunden hat, muß in die Mitte ...

Es ist immer wieder gut zu sehen, daß man mit seinen Vorlieben nicht alleine dasteht. Falls dies doch mal geschehen sollte, gibt es schnell wieder die Gelegenheit, anderen zuzustimmen. Darüber hinaus ist die Erfahrung wichtig, den anderen zeigen zu dürfen, daß man eine eigene, unabhängige Meinung hat. Peergroup- oder Cliquen-Grenzen dürfen durchbrochen werden, Individualität wird genauso hoch bewertet wie Konfluenz. Auf bisher unbekannte Interessen kann später positiv Bezug genommen werden. In der Auswahl der Aussagen darf so viel Risiko eingegangen werden, wie man gerade möchte (suchtpräventive Regel, sich nicht einem Druck auszusetzen). Es entsteht eine Atmosphäre, die von fröhlicher Neugier geprägt ist.

22. Wenn ich ..., dann ...

Intention: Reflexion persönlicher Eigenarten, Kennenlernen von Alternativen
Lernfelder: Wahrnehmung, Verantwortung, Orientierung
Material: Zettel, Stift

»Jeder von uns hat ganz typische Angewohnheiten oder Wünsche. Schreibt einmal zehn Sätze auf, in denen ›Wenn ich ... , dann ...‹ vorkommt. (...)
Setzt euch zu dritt oder viert zusammen, und tauscht eure Erfahrungen aus.«
Das Aufschreiben dient zur Bewußtmachung von mechanisierten oder wenig reflektierten Reaktionsweisen auf Gefühle, Wünsche oder Sehnsüchte. Der Austausch zeigt Gemeinsamkeiten auf oder bietet Beispiele alternativen Verhaltens, die eine Neuorientierung ermöglichen.

☛ *Hinweis für FremdsprachenlehrerInnen*: Das manchmal langweilige, routinemäßige Üben von Konditionalsätzen (z.B. If-Clauses) ließe sich durch diese »affektive Aufladung« auf eine Ebene von persönlicher Bedeutsamkeit heben. Außerdem wird die kommunikative Kompetenz der SchülerInnen erhöht.

❑ *Alternative*: Gemeinsam werden Zettel in Karteikartengröße vorbereitet, auf denen Halbsätze verschiedener Themenbereiche (Gefühle/Wünsche/Gewohnheiten) stehen, z.B.: Wenn ich mich einsam fühle, ... Wenn ich reich wäre, ... Wenn ich mit anderen zusammenstehe, ...
In Dreier- oder Vierergruppen werden diese Zettel wie Karten gemischt und von jeweils einer Person vorgelesen. Die anderen ergänzen den Satz so, wie sie diese Person bereits kennengelernt haben, und machen aus dem »Ich« ein »Du«, z.B.: Wenn du dich einsam fühlst, rufst du deine beste Freundin an.

23. Die Funktion des Suchtmittels

Intention: Erkennen der Funktion von Suchtmitteln des Alltags, Umsetzung in Körpersprache
Lernfelder: Wahrnehmung, Genuß, Kreativität, Verantwortung
Material: evtl. Knetmasse

»Fast jede(r) von uns hatte in letzter Zeit mit Suchtmitteln zu tun. Versucht, euch in den Moment des Suchtmittelgebrauchs hineinzuversetzen. Welche Funktion hatte für dich der Gebrauch, oder, anders ausgedrückt, was sollte der Konsum bringen, bzw. was brachte er dir? Wir wollen nicht wissen, an welches Suchtmittel du gedacht hast. Stelle nur mit einer Geste dar, welche Funktion der Konsum hatte.«

Da wir täglich mit Dingen umgehen, die bei uns oder anderen Suchtverhalten auslösen können, lohnt es sich nachzuforschen, welche Funktion solch ein Gebrauch hat. Habe ich Alkohol konsumiert, um mich zu entspannen oder um meine Entspannung zu unterstreichen? Habe ich Süßes genascht, um eine Streßsituation zu überstehen oder um zu genießen? Das Mittel darf anonym bleiben, die Funktion wird physisch dargestellt, verdeutlicht durch Übertreibung.

Variation 1: Funktion ↔ Wirkung. »Die gewünschte Funktion eines Suchtmittelgebrauchs steht oft im Widerspruch zur realen Erfahrung (Beispiel Alkohol: Genuß contra Übelkeit/»Kater«). Wer könnte diesen Widerspruch einmal pantomimisch darstellen? Wir erraten anschließend, worum es ging.«

Variation 2: Die Funktion des Suchtmittels kneten lassen. Die Aufgabenstellung erscheint im ersten Moment schwierig, sobald man sich aber auf die Allegorie einlassen kann, gelingt der Prozeß der Umsetzung sehr leicht. Die Zeit, die das Gestalten beansprucht, wird emotional und selbstreflexiv genutzt.

24. Entweder – oder

Intention: Position beziehen
Lernfeld: Orientierung
Material: eine (imaginäre) Linie in der Mitte des Raumes

»Der Raum ist durch eine Mittellinie in zwei Hälften geteilt. Wenn ich jetzt zwei Begriffe nenne, dann entscheidet euch bitte ohne großes Nachdenken für einen Begriff, und stellt euch in die jeweils angezeigte Hälfte: Strand oder Berge ... Rose oder Sonnenblume ... Geben oder Nehmen ... Wald oder Wiese ... schnell oder langsam ... Schere oder Stein ... Kopf oder Hand ... und so weiter.«

❏ *Variationen*: Zwischendurch zwei Minuten mit den Nachbarn austauschen; mit einer Person der anderen Gruppe sprechen; im Pingpongverfahren jeweils einen Satz/ein Statement der anderen Gruppe zurufen; die Position wechseln und von der »Gegenseite« her argumentieren.

Die Übung setzt viel Energie frei, wer sich für eine Position entschieden hat, möchte den anderen gern erklären, warum. Die Variationen führen aus der Entscheidung für eine Stellung zu einer Kontaktaufnahme, die einzelnen Positionen sprengen immer wieder herkömmliche Cliquen-Strukturen. Es ist erlaubt und erwünscht, eigene Wege zu gehen, unabhängig von der Gruppenerwartung – eine wichtige suchtpräventive Fähigkeit kann geübt werden.

25. ICH und DU

Intention: Bewußtmachen eigener sozialer Position
Lernfelder: Kreativität, Wahrnehmung, Orientierung
Material: DIN-A3-(ersatzweise -A4-)Blätter, Stifte

»Knickt das Blatt zweimal so, daß vier Felder entstehen. In jedes Feld sollen – in beliebiger Größe, Form oder Stärke – die Buchstaben ICH und DU zu unterschiedlichen Themen geschrieben werden. 1. ICH und DU (mein Freund/meine Freundin), 2. ICH und DU (mein Vorgesetzter), ICH und DU (ein Elternteil), 4. ICH und DU (mein Zimmer) ...
Setzt euch in kleinen Gruppen zusammen, und tauscht eure Eindrücke aus.«

Die Aufgabenstellung erscheint im ersten Moment etwas ungewöhnlich, erleichternd kann das Zeigen eines Beispiels sein, z. B. Ich und mein Hobby. Wieviel Zeit, also wieviel Platz, nimmt das Hobby ein? Ist es ein »dickes« Hobby? Ist es vielleicht manchmal stärker oder schwächer, als ich möchte? ...
Selbstverständlich sind die oben angegebenen Beispiele nur als Orientierungshilfen gedacht, je nach Gruppenspezifik könnte für das DU stehen: die Schule, das Jugendheim, das Essen, die Kirche, mein Banknachbar, meine Kollegin, mein verhaltensauffälliger Schüler, meine Arbeitsgruppe ...

Die Arbeitsergebnisse sind meist sehr treffend und für alle aufschlußreich.

❑ *Variation*: 12–15 vorbereitete Karten mit unterschiedlichen ICH-DU-Kombinationen auslegen (z.B. ICH-du, ich-DU, Ich-Du, ICH-DU, I C H D U, IDCUH, Ich & Du ...) und auf ein Thema bezogen auswählen lassen (z.B.: Mein Verhältnis zur Gruppe, zum Rauchen, zu Autoritäten ...). Vorstellen der unterschiedlichen Standpunkte.

26. Zehn Gebote

Intention: Introjekte kennenlernen und überprüfen
Lernfelder: Orientierung, Kreativität
Material: DIN-A4-Blatt

»Erinnert euch einmal daran, was in eurer Kindheit alles von euch verlangt wurde. Wie ihr euch benehmen solltet, was ihr tun oder nicht tun solltet, was klingt euch noch in den Ohren? Schreibt davon ca. zehn ›Gebote‹ untereinander auf einen Zettel. Ihr braucht euch dabei nicht an den berühmten Zehn Geboten der Bibel zu orientieren, in jeder Familie gibt es doch ganz eigene Gebote. (...)

Nun untersucht einmal, ob diese Gebote für euch heute noch Gültigkeit haben. Wenn sie so heute nicht mehr für euch gelten, dann verändert oder ergänzt sie, damit sie wieder stimmen.

Z.B.: Du mußt mehr Ordnung halten (damals). – Du solltest nur so viel Ordnung halten, daß du das leicht wiederfindest, was du gerade brauchst (heute).

Lest euch die wichtigsten Gebote und ihre Veränderungen vor.«

Werte, Haltungen, Erziehungserlebnisse (Introjekte) werden reflektiert und überprüft bzw. kreativ angepaßt. Wertewandel kann abgelesen werden, Neuorientierungen werden verdeutlicht, und Sinnvolles wird beibehalten. Der Vergleich mit den anderen unterstützt die eigenen Orientierungsmöglichkeiten.

27. Wertewandel

Intention: Wertewandel erkennen; Wünsche formulieren, die nichts kosten
Lernfeld: Orientierung
Material: Zettel, Stifte

»Stell dir vor, du kommst in ein großes Einkaufszentrum mit ganz vielen verschiedenen, aber besonderen Geschäften. In die-

sen Geschäften gibt es aber nur Dinge, die man nicht mit Geld bezahlen kann, zum Beispiel Gesundheit, Freunde, Erfolg im Beruf und so weiter. Wie könnten diese Geschäfte heißen? Erfinde Namen für zehn dieser Fachgeschäfte, und schreibe kurz dazu, was es dort im Angebot gibt. (...)
Du darfst in den Geschäften herumlaufen und fünfmal zugreifen. Was würdest du mitnehmen? (...) Was hättest du vor zehn (fünf) Jahren mitgenommen?«

Nicht nur Jugendliche meinen häufig, mit genügend Geld ließe sich jeder Wunsch erfüllen, jedes Bedürfnis befriedigen. In diesen besonderen Geschäften herumzuwandeln, die Werte anzubieten haben, reizt die Vorstellungskraft. Die Beteiligten werden mit ihren Wertvorstellungen konfrontiert, die eine höhere Qualität darstellen als z. B. schneller Konsum oder kurzfristiges Abenteuer. Der Vergleich mit der Vergangenheit läßt das individuelle Wachstum erkennen.

28. Vergangenheit – Gegenwart – Zukunft

Intention: Reflexion über persönliche Veränderung/Veränderungswünsche
Lernfelder: Orientierung, Kreativität
Material: DIN-A3-Blatt, Wachs- oder Ölkreiden; alternativ: Fotosammlung (siehe Übung 1)

»Faltet euer Blatt in drei gleich große Teile. Das linke Feld steht für Vergangenheit, das mittlere für Gegenwart, das rechte für Zukunft. Was fällt euch zu den einzelnen Bereichen ein? Was war einmal wichtig, ist im Moment wichtig, könnte einmal wichtig für euch sein? Laßt eure Gedanken über jedes Feld streichen, benutzt die Farben, um Erinnerungen, Stimmungen, Gefühle oder Vorstellungen mit einfachen Linien oder Formen auszudrücken. (...)

Sucht euch Partner zum Austausch über die Fragen: ›Wie ging es mir?‹ und ›Was habe ich erkannt?‹«

Meist erscheint der Anfang der Aufgabenstellung, etwas kreativ umsetzen zu müssen, als besonders schwierig. Wenn diese »Inkubationsphase« mit Zuversicht und Geduld überwunden wurde, geht es meistens »wie von selbst«. Falls für eine Lerngruppe die malerische Umsetzung nicht opportun erscheint, läßt sich auch gut mit einer Fotosammlung in Klarsichthüllen arbeiten (siehe Übung 1).

Diese Übung erleichtert es, Veränderung, Wachstum und Zukunftswünsche festzustellen und zu reflektieren. Sie unterstützt gleichzeitig die Umsetzung von Veränderungswünschen in Richtung Persönlichkeitsentwicklung.

29. Drei Lernsituationen

Intention: Reflexion über persönlich bedeutsames Lernen
Lernfelder: Kreativität, Orientierung
Material: DIN-A3-Blatt, Wachsmalstifte

»Knifft das Blatt in drei Teile! Erinnert euch nun einmal an Situationen, in denen ihr etwas gelernt habt. Was war das? Wie ist es euch dabei ergangen? Versucht mit jeweils einer Skizze drei Situationen, in denen ihr etwas gelernt habt, darzustellen. (...)
Erzählt eurem Nachbarn darüber.«

Die Erinnerung an wichtige Lernsituationen läßt die Beteiligten einige Stationen des persönlich bedeutsamen Lernens reflektieren. Assoziationen können entstehen von Spannung, Freude, Erfolg, Mühsal, Stolz, Wachstum etc.; Orientierungsbedürfnis wird durch die Reflexion erleichtert, das Selbstwertgefühl gestärkt.

❏ *Erweiterung*: Gespräch über die Fragestellung: »Wie lassen sich diese Erkenntnisse zur Verbesserung unserer Schule/Ausbildungssituation umsetzen?«

30. Ich bin ein A

Intention: Reflexion über persönliche Eigenschaften, Fähigkeiten, Stärken
Lernfeld: Orientierung, Kreativität
Material: Gedicht von Wolfgang Weyrauch: »Ich bin ein A«, Arbeitsbogen ohne Begriffsinhalt mit gleicher Zeilenstruktur und den Ergänzungen ... bin ich ein ...

Atmend	auswandernd
nicht atmend	mich aus dem Staub machend
anfangend	abkratzend
aufhörend	bin ich ein A
bin ich ein A	anzündend
anzündend	bin ich ein A
bin ich ein A	mich anzündend
abhauend	bin ich ein A

»So wie dieses Gedicht geschrieben ist, paßt es vielleicht auf die Person, die der Autor meint. Wie würde es zu eurer Person passen? Wählt euch einen Buchstaben und schreibt es neu.«

Das kreative Neuschreiben dieses Gedichtes (diese Anregung von Zeuner 1983, weitere Anregungen bei Burow/Quitmann/

Rubeau 1987) bietet die Möglichkeit, auch über den Deutschunterricht hinaus Literatur nicht nur aus der beurteilenden Distanz zu betrachten, sondern ihr durch eine aktive Auseinandersetzung persönliche Bedeutung zu verleihen. In Kontakt zu den eigenen Gefühlen und Einschätzungen zu sein erleichtert wiederum den verantwortungsvollen Kontakt mit anderen. Die Identifikation mit Eigenschaften oder Gegenständen verdeutlicht den Beteiligten ihre gegenwärtige Position und macht sie ihnen bewußt, eine wichtige Voraussetzung für mögliche Stabilisierung bzw. Veränderung.

31. Werteklärungsprofil

Intention: Reflexion und Vergleich persönlicher Eigenschaften
Lernfeld: Orientierung, Wahrnehmung
Material: DIN-A4-Blatt, Stifte

»Was mögt ihr an Menschen besonders gern? Schreibt einmal fünf positive Eigenschaften untereinander auf. (...)
Nun laßt uns die Eigenschaften der anderen anhören und die Liste ergänzen. Keine Doppelnennungen. Zieht drei lange, senkrechte Striche neben die Liste der Eigenschaften, und es entstehen drei Spalten, in denen ihr ankreuzen könnt, wie ihr euch selbst einschätzt. Links: Bin ich nicht, Mitte: unentschieden, Rechts: Bin ich. (...) Was fällt euch auf?«

☛ *Hinweis*: Die Liste sollte nicht länger als eine DIN-A4-Seite sein, gegebenenfalls sollten die Gruppen geteilt oder die Zahl der Nennungen beschränkt werden.

Häufig sind Jugendliche sehr selbstkritisch und mögen sich nicht gerne allzu positiv einschätzen. Hier ist der Vergleich Selbsteinschätzung – Fremdeinschätzung durch Blättertausch angebracht.

❑ *Alternative Fragestellungen*: Was ist mir im Leben wichtig? Was ist für mich momentan unverzichtbar? Was schätze ich an ... am meisten?

32. Ich sehe – fühle – denke

Intention: Bewußtmachen von Gefühlen und Projektionen
Lernfeld: Wahrnehmung

»Sucht euch eine Person, und setzt euch gegenüber. Die Übung heißt ›Ich sehe – fühle – denke‹, und die drei Sätze, die ihr euch jeweils sagt, sollen sich auch darauf beziehen. Zum Beispiel: Ich sehe einen Ring an deinem Finger – ich finde ihn interessant – ich kann mir vorstellen, daß du ihn geschenkt bekommen hast. Wechselt jeweils nach den drei Aussagen, und tauscht euch anschließend darüber aus, wie es euch ergangen ist und ob ihr die Beobachtungen besätigen könnt.«

Häufig wird auf andere etwas projiziert, was zwar mit den eigenen Beobachtungen und Erfahrungen korrespondiert, aber nicht immer zutrifft. Die Übung hilft, Wahrnehmung und Projektion deutlich voneinander zu trennen und einen direkten Kontakt zur anderen Person aufzunehmen. Fehlinterpretationen können richtiggestellt werden, und auch die Gefühlsebene wird deutlich angesprochen.

❑ *Variation 1*: »Ich sehe und ich denke.« Diese Variation läßt die Verbalisierung der Gefühlsebene aus. Empfehlenswert bei Gruppen, die noch nicht so geübt sind, Gefühle zu thematisieren. Auch als Vorübung zu »Ich sehe – fühle – denke« einzusetzen.

❑ *Variation 2*: »Ich sehe – ich denke – ich frage«. Durch die abschließende Frage läßt sich augenblicklich feststellen, ob wir richtig assoziiert haben. Auch Gruppen, die sich gut kennen, stellen fest, daß es noch viel Neues über die anderen zu erfahren gibt.

33. Kreatives Schreiben

Intention: Förderung von Kreativität, Spiel mit Identität
Lernfeld: Kreativität
Material: Schreibblatt, Stift

»Laßt euch einmal zwei Wörter einfallen, die euch in den Sinn kommen und die euch wichtig sind. Schreibt sie oben auf euer Blatt. Versucht nun einmal, eine kurze Geschichte, nicht länger als diese Seite, zu schreiben, in der diese zwei Wörter mehrmals vorkommen. Jede Geschichte muß mit dem Wörtchen ›Ich‹ anfangen.«

Eine Hinleitung zum kreativen Schreiben – die Kernwörter, als persönlich bedeutsam ausgewählt, erleichtern die Phantasietätigkeit, der Beginn mit dem Wort »Ich« bezieht den Textinhalt auf die eigene Person und erleichtert die Identifikation. Eine spielerische Form der Textauswertung kann durch anonymes Vorlesen und Autorenraten stattfinden.

❑ *Suchtspezifische Variante*: Die beiden gewählten Wörter sollen im weitesten Sinne etwas mit Sucht zu tun haben.

34. When I'm Sixty-Four

Intention: Auseinandersetzung mit eigener Lebensplanung
Lernfelder: Kreativität, Orientierung
Material: pro Person 2 DIN-A4-Blätter, Stifte, Klebstoff, Schere

»Es gibt von den Beatles ein Lied mit dem Titel ›When I'm Sixty-Four‹. Was würdet ihr machen, wenn ihr so alt wärt, wie würdet ihr leben? (…) Nehmt euch zwei Blätter, halbiert sie, und klebt die Schmalseiten aneinander, so daß ein langer Streifen entsteht. Unterteilt den Streifen in Felder, und überschreibt sie mit 24, 34, 44, 54, 64. Malt jeweils ein Zukunftsbild, und schreibt vielleicht noch einen Satz dazu: ›Wenn ich 24 bin, dann …‹ usw. Danach gibt es eine kleine Ausstellung.«

Die Entstehung dieser Zeitleiste in Leporello-Form ermöglicht es den TeilnehmerInnen, Wünsche, Vorstellungen für die Zukunft zuzulassen, zu reflektieren und zu veröffentlichen. Gemeinsamkeiten und Unterschiede können festgestellt werden, individuelle Werte und Orientierungsbedürfnisse können unterstützt werden.

☛ *Hinweis für FremdsprachenlehrerInnen*: Die Übung ermöglicht eine spielerisches, aber sinnvolles Wiederholungslernen des Futurs. Mit den Ergebnissen ließe sich eine kleine Ausstellung gestalten, im Fremdsprachenunterricht sonst nicht sehr üblich. Durch die Produktpräsentation wird die Wertschätzung jedes einzelnen erhöht.

35. Meine Lebensziele

 Intention: Bewußtmachen und Bestärken der eigenen Ziele
Lernfelder: Orientierung, Kreativität
Material: Scheren, Klebstoff, Illustrierte

»In alten Illustrierten läßt sich viel Material darüber finden, was einen fasziniert, was man selber gerne einmal erleben oder erreichen möchte. Das können Bilder, Texte oder einzelne Wörter sein. Sammelt diese, und stellt eine Collage zusammen mit dem Titel: ›Meine Lebensziele‹.«

Ähnlich wie in Übung 34 werden Wünsche, Zielvorstellungen und Ideen zum Inhalt der Auseinandersetzung. Das Präsentieren dieser Ziele ist ein erster Schritt zur Realisierung derselben. Das Illustriertenmaterial erleichtert die Entscheidungsfindung und läßt so eine große Bandbreite an Ideen und Zielen sichtbar werden. Für eine Reflexion der Ergebnisse empfiehlt sich ein jeweils kleiner Gesprächskreis oder eine Präsentation aller Ergebnisse ohne Namensnennung im angemessenen Rahmen.

36. Das Lebensprofil

Intention: Reflexion und Bewertung der persönlichen Geschichte
Lernfeld: Orientierung
Material: DIN-A4-Blätter, Wollfäden, Stecknadeln, Klebstoff

»In jedem Leben geht es immer wieder auf und ab, es gibt wichtige Ereignisse, Höhepunkte oder Zeiten, in denen es einem nicht so gutgeht. Versucht einmal, mit dem Wollfaden auf dem Blatt eine Kurvenlinie eures Lebens nachzulegen. Besondere Punkte könnt ihr mit Stecknadeln markieren. (...)
Sucht euch ein oder zwei Personen, mit denen ihr die Ergebnisse und Erlebnisse besprecht. Damit die Fäden nicht verrutschen, könnt ihr sie mit etwas Klebstoff fixieren.«

Das Legen und Fixieren einer Linie, die ein Lebensprofil darstellen soll, bietet Anlaß, über sein Leben zu reflektieren, zu bewerten und zu erkennen, daß das Leben in Wellenbewegungen verläuft. Höhepunkte und Tiefpunkte können nie dauerhaft sein, sie gehören zur Lebensdynamik; sie sind weder festzuhalten noch vollständig zu vermeiden. Die optisch eindrucksvollen Ergebnisse dienen einerseits der Selbsterfahrung als auch dem Vergleich mit anderen Lebensbewältigungsformen.

☛ *Hinweis*: Es kann vorkommen, daß TeilnehmerInnen plötzlich mit einer traurigen Situation konfrontiert werden. Die Aufmerksamkeit hierfür und das Vertrauen in die Fähigkeit, darauf angemessen zu reagieren, sollte bei der Auswahl der Übung einbezogen werden.

37. Geschichte meines Namens

Intention: gegenseitiges Kennenlernen, Reflexion über Identität
Lernfeld: Orientierung
Material: evtl. Namenlexikon

»Im eigenen Namen steckt ganz viel Interessantes. Was wißt ihr eigentlich über eure Namen? Wer hat euch den oder die Namen gegeben? Welche Bedeutung hat der Name für euch, welches ist seine Übersetzung? Seid ihr auch anders genannt worden? Wie ging es euch bisher mit eurem Namen, möchtet ihr gerne anders heißen?«

Diese Übung eignet sich gleichermaßen gut für Gruppen, die noch nicht lange zusammenarbeiten, wie auch für Gruppen, die meinen, sich schon sehr gut zu kennen. Man erfährt immer wieder Neues und Prägnantes über die anderen, ohne Intimitätsgrenzen überschreiten zu müssen.

☛ *Hinweis*: Ein Namenlexikon sollte zur Verfügung stehen, die ursprünglichen Bedeutungen der Namen sind immer wieder sehr interessant oder witzig (vor allem bei Ähnlichkeiten oder Widersprüchen). Wichtiger als die Etymologie sollte bei dieser Übung die Wertschätzung der individuellen Geschichte sein.

38. Ich lehre, was ich bin

Intention: Reflexion über eigene (professionelle) Vorbildrolle
Lernfelder: Wahrnehmung, Orientierung

»Der Spruch ›Ich lehre, was ich bin‹ mag für manche provozierend, übertrieben oder verunsichernd klingen. Laßt uns überprüfen, inwiefern dieser Satz seine Berechtigung hat. Macht euch bitte Notizen zu der Frage: Was können andere von mir lernen? Beschränkt euch bitte auf fünf wichtige Bereiche.« (...)

Vorstellen und Austausch.

Da wir täglich Vorbild- bzw. Orientierungsfunktion ausüben, ist es lohnenswert, sich einzelne Aspekte daraus zu vergegenwärtigen und mit den anderen Arbeitsergebnissen zu vergleichen.
Unsere Vorbildrolle wird in der Praxis von den Kindern/Jugendlichen in großer Bandbreite zwischen Imitation und Abgrenzung meist unbewußt wahrgenommen.
Der Unterschied zwischen Lernen am Inhalt und Lernen an der Person wird deutlich. Letzteres ist gerade für suchtpräventives Arbeiten wichtig.

39. Zwei Minuten für den Körper

Intention: Bewußtheit gegenüber körperlichen
»Sensationen«
Lernfelder: Wahrnehmung, Genuß

»Die Zeit vergeht heutzutage für viele Menschen wie im Fluge. Laßt sie uns mal für zwei Minuten festhalten und nachspüren, was bei uns im Körper passiert. Schließt dazu die Augen, und achtet nur darauf, was ihr spürt und wahrnehmt. Falls euch Außengeräusche irritieren, so achtet auch darauf, kommt aber immer wieder darauf zurück, was in oder an eurem Körper alles vorgeht. Ich gebe ein Zeichen für den Anfang und nach zwei Minuten ein Zeichen für das Ende der Beobachtungen..« (...)

Austausch über die Phänomene (Atem, Muskeltonus, Außentemperatur, Unbequemlichkeiten, Spannung – Entspannung ...)

Die scheinbar leichte Übung erfordert für einige Überwindung oder Disziplin. Vereinbarung: Wer sich nicht darauf einlassen mag, darf die anderen nicht stören. Wer die Übung öfters praktiziert hat, dem gibt sie viel Ruhe und Energie, zum Beispiel für die nachfolgenden Aufgaben/Tests/Arbeiten.

40. Die 24-Stunden-Torte

Intention: Reflexion über alltäglichen Umgang mit der Zeit, Kennenlernen von Alternativen
Lernfelder: Orientierung, Genuß
Material: DIN-A4-Blätter mit photokopiertem Kreis (ca. 18 cm ⌀), Stifte

»Laßt uns einmal ansehen, wie unterschiedlich jeder mit seiner Zeit umgeht. Der Tag hat zwar für alle Menschen 24 Stunden, manchen ist er zu kurz, andere langweilen sich. Nehmen wir einen beliebigen Wochentag. Teilt euren Kreis nun in 24 ›Tortenstücke‹, und tragt eure Aktivitäten, über den Tag verteilt, ein. Wieviel Zeit braucht ihr zum Schlafen, zum Arbeiten, Fernsehen, für Hobbys etc.? (...)
  Ist euch beim Bearbeiten etwas aufgefallen? Vergleicht eure ›Torte‹ mit anderen. Würdest du gerne mehr Zeit für bestimmte Dinge haben? Was könntest du dafür tun, um dies zu erreichen?«

Zeitdruck oder Langeweile sind schlechte Lebensbegleiter und können Suchtmittelgebrauch fördern. Die Bestandsaufnahme des individuellen, alltäglichen Umgangs mit der Zeit und die Suche nach Alternativen helfen, zufriedenstellende Lösungen zu finden.

☛ *Ergänzung*: Falls ein Vergleich Ist-Werte ☐ Soll-Werte gewünscht wird, ist ein Bogen Transparentpapier nützlich. Die Soll-Werte können darauf eingetragen und optisch deutlich sichtbar verglichen werden.

41. Nein-Dialog

Intention: üben, nein zu sagen
Lernfelder: Orientierung, Kreativität, Verantwortung

»Manchen Leuten fällt es leicht, nein zu sagen, anderen fällt dies schwer. Wir können einmal versuchen, spielerisch damit zu experimentieren. Sucht euch einen Partner oder eine Partnerin. Tretet dann miteinander in ein Zwiegespräch, in dem ihr nur das Wort ›Nein‹ benutzen dürft. Macht Schluß, wenn ihr zu einem Ende findet. (…)
Was habt ihr bemerkt?«

Nein sagen muß nicht gleichbedeutend damit sein, eine andere Person abzulehnen. Es kann aber helfen, eigene Stärken zu trainieren. Der spielerische Nein-Dialog stärkt die Durchsetzungsfähigkeit, ohne den anderen mit den gewohnten, oftmals auch sehr beschränkten Möglichkeiten in die Ecke zu drängen. Intonation, Gestik und Mimik werden kreativ eingesetzt, um die eigene Position zu bekräftigen. Nützliche suchtpräventive Fähigkeiten (soziale und personale Kompetenz) können erworben werden.

❏ *Alternativer Einstieg*: Ernst Jandls Gedicht »my own song«, aus: Unterwegs. Lesebuch 7. Schuljahr. Stuttgart 1993.

my own song (Ernst Jandl)

ich will nicht sein

                        nicht wie ihr mich wollt

so wie ihr mich wollt

                wie ich sein will will ich sein

ich will nicht ihr sein

                        nicht wie ihr mich wollt

so wie ihr mich wollt

                        wie ich bin will ich sein

ich will nicht sein wie ihr

                        nicht wie ihr mich wollt

so wie ihr mich wollt

                            wie ich will ich sein

ich will nicht sein wie ihr seid

                        nicht wie ihr mich wollt

so wie ihr mich wollt

                                ich will ich sein

ich will nicht sein wie ihr sein wollt

                nicht wie ihr mich wollt will ich sein

so wie ihr mich wollt

                                  ich will sein.

42. Jetzt-Sätze

Intention: Üben von Selbstbeobachtung
Lernfeld: Wahrnehmung

»Um uns herum und in uns passieren ständig so viele Dinge, die es lohnt zu beachten. Sucht euch eine Partnerin/einen Partner, und teilt euch abwechselnd gegenseitig mit, was ihr wahrnehmt. Beginnt jeden Satz mit dem Wort ›Jetzt‹, auch wenn es im ersten Moment etwas seltsam klingen mag. Laßt euch drei (vier) Minuten Zeit für die Aktion. (…)
Wie war's, was fiel euch auf?«

Die Jetzt-Sätze können den TeilnehmerInnen anfangs etwas konstruiert vorkommen, im Laufe der Zeit sollte die Ernsthaftigkeit und die Sensibilität in den Vordergrund kommen. Bei manchen Gruppen ist der Hinweis auf Konzentration wichtig. Die Verbalisierung der Wahrnehmung, das Ernstnehmen der eigenen und der anderen Person sind grundlegende Elemente von Suchtprävention.

43. Mein Kind dürfte ...

Intention: Reflexion von Werten in der Erziehung, Vergleichen
Lernfelder: Orientierung, Genuß, Verantwortung
Material: Zettel, Stifte

»Viele Dinge wurden (werden) uns als Kindern/Jugendlichen verboten, viele Dinge wurden (werden) uns erlaubt. Wenn wir Eltern wären, was würden wir unserem Kind im Alter von … Jahren erlauben oder nicht erlauben? Stellt einmal eine Liste zusammen.«

Die Übung sollte bei Kindern und Jugendlichen auf das jeweils eigene Alter bezogen werden, bei Erwachsenen aus pädagogischen Arbeitsbereichen auf das Alter ihrer Klientel. Eine gute Möglichkeit, Wertewandel zu reflektieren und eigene (unerfüllte) Wünsche/Ziele zu formulieren. Aus der imaginären Distanz heraus lassen sich Beurteilungen oder normativem Druck unterliegende Haltungen neu betrachten. Häufig sind Diskrepanzen zwischen eigenem (unreflektiertem) Handeln und Wünschen zu entdecken. Selbstformulierte Kritik ist für Jugendliche häufig bedeutsamer als Kritik von Erwachsenen.

❑ *Ergänzung*: Vorbereiteter Arbeitsbogen mit der Zweiteilung »Was würde ich genauso machen? ↔ Was würde ich ändern?«

44. Freizeittorte

Intention: Reflexion des eigenen Freizeitverhaltens, Kennenlernen von Alternativen
Lernfelder: Genuß, Orientierung
Material: DIN-A3-Blatt, Buntstifte/Wachsmalstifte

»Wie gehen wir eigentlich mit unserer Frei-Zeit um, mit der Zeit, in der wir keine schulischen/beruflichen oder familiären Verpflichtungen haben? Malt euch eine Kreis auf euer Blatt, und malt die Menge eurer Freizeitaktivitäten wie ungleich große Tortenstücke in den Kreis. Tragt am Rand die geschätzte Zeit ein. (...)

Vergleicht eure ›Torte‹ mit denen von zwei anderen Personen. (...) Was fällt euch auf?«

Die grafische Darstellung der Verteilung der Freizeitaktivitäten ist für die Beteiligten aufschlußreich. Der Vergleich ermöglicht eine Neuorientierung. Bei vergleichbaren Aktivitäten, z.B. Fernsehen, Sport, Freunde treffen, ließen sich Gruppendurchschnittswerte errechnen, der Vergleich dient zur Einschätzung eigener Positionen. Anregungen für Alternativen zu eingefahrenen Gewohnheiten entstehen.

❏ *Ergänzungen*:
Erarbeiten einer Freizeitkartei,
Herstellen eines Freizeitposters,
Aushang eines Stadtplanes mit farblich markierten Freizeitmöglichkeiten (unterschiedliche Fähnchen für Kultur, Sport, Natur, Vereine etc.).

45. Sucht-Collage

Intention: assoziatives Sammeln von Bildern zum Thema Sucht, Gewichten und Gestalten
Lernfelder: Kreativität, Orientierung
Material: Illustrierte, Scheren, Papier DIN A3, Klebstoff

»Sucht euch aus den alten Illustrierten all das aus, was euch zum Thema Sucht und Abhängigkeit auffällt und einfällt. Schneidet es aus, und klebt es zu einer Collage zusammen. (...)
 Sucht euch zwei Partner, mit denen ihr eure Ergebnisse besprecht. Oder: Im Zuge einer ›Ausstellungseröffnung‹ kann jeder ›Künstler‹ sein Werk kommentieren.«

Das Illustriertenmaterial gibt vielfältige Impulse und Assoziationen für alle möglichen Arten von Abhängigkeiten und Süchten her. Die populäre Assoziationskette Sucht → illegale Rauschmittel wird durch quantitativ und qualitativ breitere Bildinformationen ersetzt. Die anschließende Vorstellung der Ergebnisse im geschützten, kleinen, dann vielleicht im großen Kreis erleichtert die Kommunikation.

46. Vor der Sucht

Intention: bildnerische Reflexion über Suchtursachen
Lernfelder: Kreativität, Orientierung
Material: Stifte, Papier

»Was kommt vor der Sucht? Was kann alles passieren, wie könnten Szenen im Leben eines Menschen aussehen, bevor er süchtig wird? Wenn du eine Idee hast, zeichne sie mit einfachen Mitteln auf, vielleicht auch mit Sprechblasen wie im Comic.«

Die immer wieder reproduzierte Geschichte von jemandem, der von einem auf den anderen Tag süchtig geworden ist, kann durch diese zeichnerische Übung widerlegt werden. Kinder und Jugendliche wissen oft sehr sensibel darüber Bescheid, daß zur Sucht ein Prozeß gehört. Dies läßt sich mit einfachen Mitteln wirkungsvoll abbilden und bietet gute Gesprächsanlässe.

❏ *Alternative*: pantomimisches Darstellen und raten lassen.

4.2 Übungen zur Interaktion und Reflexion

47. Die Stuhlreihe

Intention: Finden einer differenzierten Position
Lernfelder: Orientierung
Vorbereitung: ca. 10 Stühle nebeneinander, der jeweils äußere Stuhl ist markiert mit einem Plus oder einem Minus

»Ich stelle euch ein Problem/einen Fall vor. Setzt euch dann auf den Stuhl, der eurem Empfinden nach am besten zu der Position paßt, die ihr dazu einnehmt. Der äußere Stuhl bedeutet, ich stehe der Sache sehr positiv bzw. sehr negativ gegenüber, dazwischen gibt es die abgestuften Positionen. Wenn die Stühle nicht reichen, setzt euch voreinander oder gruppiert euch. – Erzählt, beginnend bei einem Pol, warum ihr diese Position bezogen habt. Hört euch gegenseitig zu, ohne zu diskutieren.«

Mögliche Themen/Fragestellungen:

- Wie stehe ich zum Thema »Haschisch«
- Es reizt mich, Verbotenes/Gefährliches auszuprobieren.
- Sollte der Konsum von ... ab ... Jahren erlaubt sein?
- Wie finde ich das, wenn ein ...jähriger Schüler vor der Schule ...?
- Wie stehe ich zur Legalisierung/Entkriminalisierung von ...?
- (Nach aktuellem Bedarf füllen.)

Die Übung fördert: Klarheit über eigene Position; persönliche Stellungnahme; Fähigkeit, zuzuhören; Kennenlernen von unterschiedlichen Gefühlen und Meinungen. Nachdem jede(r) gehört wurde, besteht bei Meinungsänderung die Möglichkeit, die alte Position zu wechseln.

☛ *Hinweis*: Bevor nicht alle ihre Position begründet haben, sollte noch nicht diskutiert werden. Die Regel erfordert Geduld, ist aber sinnvoll für das soziale Lernen.

❑ *Variation für die Erwachsenenbildung*: Die Stuhlreihe kann auch als Vorübung für eine weiter gehende Erarbeitung der Ideen- bzw. Handlungsebene benutzt werden. Die deutliche Trennung von emotionaler Ebene als Hintergrund für die Handlungsebene erleichtert den ganzheitlichen Umgang mit einem brisanten Thema. Z.B.: »Wenn wir uns jetzt über unsere Gefühle zu diesem Thema im klaren sind, laßt uns der Reihe nach Ideen für mögliche Interventionen/Konsequenzen sammeln. Auch hier gilt wieder die Regel ›Erst sammeln, dann diskutieren‹.«

48. Dialog ohne Worte

Intention: Erlernen von Rücksichtnahme, Reflexion über Kooperation
Lernfelder: Wahrnehmung, Kreativität, Verantwortung
Material: Papier DIN A3, bunte Filzstifte

»Sucht euch eine(n) Partner(in), setzt euch an einen Tisch gegenüber. Wählt euch einen Stift aus, und beginnt, euch ohne Worte mit den Stiften auf dem Papier zu ›unterhalten‹. Beobachtet eure jeweiligen Aktionen und Reaktionen.«

Man kann sich bei dieser Übung ohne vorgegebenes Thema unterhalten, es lassen sich aber nach Bedarf und Situation Themen für den Dialog vorgeben, z.B.:

– Das macht mir Spaß/Spannung/Freude.
– Ich und du.
– Nähe – Distanz.
– Risiko.
– So geht es mir gerade.
– Macht und Ohnmacht.

Beide Partner entscheiden, wann ihr Bild fertig ist, und unterhalten sich – diesmal mit Worten – darüber, wie es ihnen ergangen ist, was sie neugierig gemacht hat, welche Fragen aufgetaucht sind, wie sie jeweils reagiert haben ...

Die Übung fördert bzw. erfordert gegenseitige Rücksichtnahme, Respekt, Sensibilität im Kontakt, Austausch von Empfindungen.

49. Ein Geschenk malen

Intention: Förderung von Einfühlungsvermögen
Lernfelder: Kreativität, Verantwortung
Material: Papier DIN A4, Stifte

»Sucht euch jemanden, den ihr schon etwas näher kennengelernt habt (z.B. durch ein Fünf-Minuten-Interviev oder am Ende einer gemeinsamen Lern-/Arbeitsphase), und malt dieser Person ein Geschenk. Der/die Beschenkte darf anschließend interpretieren, was gemalt oder gezeichnet wurde und warum oder wie es zu ihm/ihr paßt.«

❏ *Variation*: In einer Gruppe, die schon länger Zeit gehabt hat, sich kennenzulernen, werden Namen gezogen und Geschenke gemalt. Die fertigen Bilder werden ohne Namensnennung ausgelegt, und jede(r) sucht sich ein passendes Bild aus. Nach richtigem Zugriff und Interpretation vor der Gruppe darf das Bild behalten werden, sonst muß es wieder zurückgelegt und ein neues gezogen werden.

Die Übung beschert – außer dem Geschenk – den Beschenkten viel Aufmerksamkeit und Einfühlsamkeit durch die »KünstlerInnen«. Meist entsteht eine Atmosphäre von Freude, Dankbarkeit und Zufriedenheit. Sie dient damit der Gestaltung einer suchtpräventiven Basis.

50. Wünsche auf meinem Rücken

Intention: Ich-Stärkung und Förderung des Einfühlungsvermögens; gemeinsamer Abschluß
Lernfelder: Verantwortung, Orientierung, Genuß
Material: Papier DIN A4, Stifte, Klebestreifen

»Nachdem ihr nun schon ... zusammengearbeitet habt und euch gut kennenlernen konntet, ist es Zeit, auseinanderzugehn und euch gute Wünsche mit auf den Weg zu geben. Geht im Raum umher, und schreibt jeweils euren Wunsch für die Person auf den Zettel, der ihr auf dem Rücken klebt. (...)

Seht euch anschließend an, was euch gewünscht wurde, und tauscht euch aus, wie es euch mit den Wünschen ergeht, ob ihr sie annehmen könnt, erstaunt seid etc.«

Die Übung läßt sich gut als Abschluß einer gemeinsamen Arbeit einsetzen. Den TeilnehmerInnen tut es gut, mit vielen schönen Wünschen auseinanderzugehen, eigene Ziele weiterzuverfolgen, bestätigt zu werden. Die Übung läßt sich alternativ zu sogenannten Feedback- oder Abschlußrunden einsetzen.

☛ *Hinweis*: Es ist nicht erwünscht, daß jemandem etwas Negatives aufgeschrieben wird, gerade das Positive soll verstärkt werden.

51. Lebendige Kamera

Intention: Vertrauensbildung
(zu anderen – zu sich selbst), Förderung der Selbstwahrnehmung
Lernfelder: Verantwortung, Kreativität

»Sucht euch eine Person, die bereit ist, sich von euch mit geschlossenen Augen führen zu lassen. Führt diese Person behutsam durch den Raum/die Räume. Wenn ihr an einer interessanten Stelle angekommen seid, laßt die Person für drei Sekunden die Augen öffnen, indem ihr mit eurer Hand einen leichten Druck auslöst. Führt die Person weiter, und wiederholt den Vorgang etwa zehnmal.«

Die Übung erfordert und fördert Einfühlungsvermögen, Vertrauen und Verantwortungsgefühl. Sie schärft und sensibilisiert die Sinneswahrnehmungen (optisch, akustisch, haptisch).

❏ *Variation 1*: Die Augen werden für die Dauer der Übung nicht geöffnet, die Gegenstände werden ertastet.

❏ *Variation 2*: Die olfaktorische Wahrnehmungsfähigkeit soll sensibilisiert werden, indem die Gegenstände errochen werden; dazu müßte ein geeigneter »Parcours« erstellt werden.

❏ *Variation 3*: In jeder Ecke steht eine Person, die eine Gemütsbewegung darstellt (z.B. Freude, Grimm, Enttäuschung, Gleichgültigkeit).

52. Die Feedback-Karte

Intention: Ich-Stärkung, Sensibilisierung der Aufmerksamkeit für andere, Sammlung von positiven Rückmeldungen
Lernfelder: Verantwortung, Genuß, Orientierung
Material: Papier DIN A5, Stifte

»Setzt euch in Kreisen von jeweils fünf Personen zusammen. Jede(r) erhält ein kleines Blatt Papier, die sogenannte ›Feedback-Karte‹, und schreibt in die Mitte ihren/seinen Namen. Die Karte wird im Uhrzeigersinn weitergegeben und mit einem passenden (positiven) Eigenschaftswort für die genannte Person beschriftet, bis die Karte den Kreis durchlaufen hat. (...) Knickt die Ecke, in die ihr das Eigenschaftswort geschrieben habt so nach vorne ab, daß die nächste Person nicht sieht, was darauf steht.

Seht euch dann die Karten an, ihr könnt die Eigenschaftswörter auch mit einem ›Ich bin ...‹ versehen und den anderen vorlesen. Spürt nach, wie die Eigenschaften, die euch zugeordnet wurden, auf euch wirken. Welche könnt ihr gut annehmen, bei welchen fällt die Akzeptanz schwer ...?«

❏ *Ergänzung*: Ritualisiertes Vorlesen der Eigenschaften mit dem jeweiligen Tenor »Ich, (Name), bin ...«. Die Aussagen werden durch die wiederholte Namensnennung verstärkt.

Die Übung steigert das Selbstwertgefühl, ein grundlegendes Ziel der Suchtprävention.

☛ *Hinweis*: Die Gruppe sollte Zeit gehabt haben, sich kennenzulernen. Die Übung löst meist sehr angenehme, bisweilen aber auch peinliche Gefühle aus, wenn die Eigenschaften vorgelesen werden. Daher ist das Risiko einzuschätzen und die Freiwilligkeit zu beachten. Aber wie selten gibt es in unserem Alltag Situationen, in denen einem soviel Gutes gesagt wird!

53. Baum – Säge – Stein

Intention: Spielerische Auseinandersetzung mit den Themen Stärke und Macht, Förderung der gestisch-mimischen Ausdrucksfähigkeit
Lernfelder: Genuß, Kreativität, Orientierung

»Eine Person geht in die Mitte, stellt als ›eingefrorene‹ Pantomime einen Baum dar und sagt: ›Ich bin der Baum.‹ Der/die nächste kommt dazu, findet eine Geste für eine Säge und sagt: ›Und ich bin die Säge, die den Baum absägt.‹ Der Baum verläßt nun seinen Platz, setzt sich wieder, und ein(e) andere(r) erscheint z. B. als Stein mit den Worten: ›Und ich bin der Stein, der die Säge stumpf macht.‹ Wie geht es weiter? Wer bietet dem Stein Paroli und kommt in die Mitte?«

Die Übung macht immer wieder – unabhängig von der jeweiligen Altersgruppe – viel Spaß. Sie erfordert bzw. fördert Kreativität, Spielfreude, Flexibilität für neue Rollen und die Erweiterung des gestischen Repertoires. Stärken werden zu Schwächen und umgekehrt, Stärken und Schwächen können in spielerischer Form ausprobiert und gezeigt werden.

54. Aktives Zuhören

Intention: zuhören lernen, gegenseitiges Respektieren
Lernfeld: Verantwortung

»Sucht euch eine(n) Partner(in), setzt euch einander gegenüber und führt ein Gespräch über ein Thema eurer Wahl (oder ein vorgegebenes Thema). Einzige Regel: Nachdem Person A ca. drei Sätze gesprochen hat, faßt Person B dies in einem Satz zusammen mit den Worten ›Ich habe verstanden …‹. Dann wieder umgekehrt, B entgegnet drei Sätze, A faßt dicse zusammen und

argumentiert weiter. Haltet diese Regel durch, bis euch die Argumente ausgehen. (...)
Sprecht nun über eure Erfahrungen. Was fiel euch schwer? Was fiel euch auf?«

Diese etwas konstruiert scheinende Form der Dialogführung ist in mehrfacher Hinsicht effektiv und lehrreich. Die Partner praktizieren und lernen Verantwortung, indem sie sich jeweils ausreden lassen und sich intensiv zuhören müssen, eine gute Übung gerade für Jugendliche. Sie lernen Positionen des anderen kennen und beschäftigen sich gedanklich und verbal mit diesen. Durch die Zusammenfassung versuchen sie, sich »richtig« zu verstehen bzw. Mißverständnisse zu korrigieren. Wahrnehmungs- und Ausdrucksfähigkeit werden geschult; jeder Person wird viel Zeit und Aufmerksamkeit zuteil, ein wichtiger suchtpräventiver Aspekt.

55. *Die Rolle im Kopf*

Intention: Bewußtmachen von (Vor-)Urteilen
Lernfelder: Verantwortung, Orientierung
Material: Filzstifte, Tapetenrolle

»Wir brauchen erst einmal zwei Gruppen. (...) Jede Gruppe bekommt nun eine Tapetenrolle. Eine Gruppe versetzt sich in die Rolle eines Lehrers/einer Lehrerin, die andere Gruppe in die Rolle von SchülerInnen. Schreibt nun alles auf die Rolle, was ihr schon immer einmal der anderen Gruppe sagen wolltet. Auch Vorurteile oder Übertreibungen sind erlaubt, z.B. ›Lehrer wissen immer alles besser‹ oder ›Schüler sind faul und begriffsstutzig‹. (...)
Lest euch nun im Pingpongverfahren die Sätze vor. (...)
Jetzt tauscht einmal die Positionen, und lest jeweils vor, was die andere Partei geschrieben hat. Auch spontanes Reagieren beim Antworten ist erlaubt. (...)
Wie ging es euch dabei?«

Vorurteile werden durch die Überzeichnung bewußtgemacht, »Schubladendenken« wird sichtbar und auf humorvolle Art reproduziert, Verständnis für die Position der jeweiligen Rolle vergrößert. Es entstehen Argumente und Energien für einen verständnisvolleren Umgang miteinander. Der Humor hat Ventilfunktion für versteckte Aggressionen und ebnet so die Grundlagen für eine sachliche und ernsthafte Auseinandersetzung.

❑ *Variationen*: Eltern ↔ Kinder, Betreuer ↔ Jugendliche, Männer ↔ Frauen.

56. Suchtentwicklung

Intention: Kennenlernen der möglichen Phasen einer Suchtentwicklung
Lernfeld: Orientierung
Material: Tafel oder DIN-A1-Plakat, Klebefilm, pro Gruppe 7 Papierstreifen ca. 8 x 20 cm, beschriftet mit den Begriffen »Gebrauch«, »Genuß«, »Wiederholung«, »ausweichendes Verhalten«, »Mißbrauch«, »Abhängigkeit«, »Sucht«

Plakat bzw. Tafelbild:

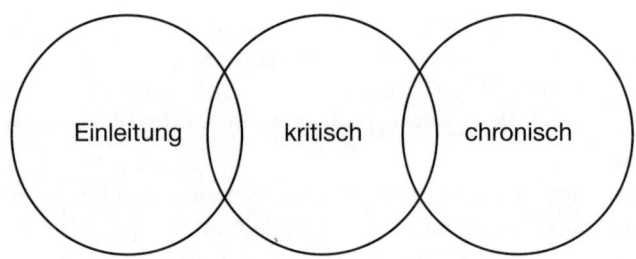

»Fünf bis sechs Personen bilden eine Gruppe. (…)

Wählt euch aus der Vielzahl von Suchtmitteln (stoffgebunden oder nichtstoffgebunden) eins aus und versucht, Stationen einer möglichen Suchtentwicklung innerhalb der drei Kreise einzuordnen. Die Kreise, die ineinandergreifen, symbolisieren die drei Phasen ›Einleitung‹, ›kritische Phase‹, ›chronische Phase‹. Klebt nun die Zettelstreifen mit den Begriffen an die passenden Stellen innerhalb der Kreise, nachdem ihr euch auf eine Position geeinigt habt. (...)
Laßt uns nun die Ergebnisse vorstellen und mit den anderen vergleichen. Wo gibt es Gemeinsamkeiten bzw. Unterschiede? Hat dies etwas mit den spezifischen Suchtmitteln zu tun?«

Die im Gruppenprozeß gefundenen Positionen stellen eine mögliche Form einer Suchtentwicklung dar. Die aktive Form der Auseinandersetzung mit dem Thema Suchtentwicklung ist allenfalls besser als eine rezeptive Informationsform. Unterschiede in den Arbeitsergebnissen (auch bei identischer Wahl des Suchtmittels) verdeutlichen den individuellen Charakter von Suchtprozessen trotz existierender Parallelen. Subjektive Einschätzungen/Erfahrungen werden respektiert und Widersprüche im gemeinsamen Gespräch geklärt.

❏ *Alternative*: Die Beteiligten erhalten jeweils zwei verschiedenfarbige Klebepunkte und denken an jeweils ein Genuß- bzw. Suchtmittel, mit dem sie Erfahrung gemacht haben, ohne dies zu benennen. Dann werden die Punkte an die entsptechende Position geklebt. Gemeinsamer Vergleich bei freiwilligem Benennen des Mittels.

57. Gesprächssimulation

Intention: Kennenlernen von Strategien bzw. Mechanismen im Gespräch
Lernfelder: Wahrnehmung, Orientierung

»Findet euch zu dritt zusammen und entscheidet euch für eine der drei Rollen 1. PädagogIn, 2. Junge/Mädchen, 3. Beobachter. (...)
Stellt euch vor, es kommt zu einer Gesprächssituation aufgrund eines Vorfalls (z.B.: Grundschüler rauchte nach Schulschluß/Oberschülerin kiffte vor dem Schulgebäude/Jugendlicher kam zum wiederholten Mal mit Alkoholfahne ins Jugendzentrum). Unterhaltet euch im Rollenspiel für ca. fünf Minuten, und teilt euch dann mit, was ihr in der Gesprächssituation gefühlt, gedacht, beobachtet habt. (...)
Tauscht nun noch zweimal die Rollen.«

Auch wenn die Rollensimulation als künstlich oder konstruiert empfunden wird, so sind doch elementare Erkenntnisse für Form, Inhalt und Strategie einer möglichen Gesprächsführung zu gewinnen. Der Person des Gesprächsbeobachters kommt eine wichtige objektivierende Rolle zu, aber auch die subjektiven Empfindungen der Protagonisten des Gespräches lassen Rückschlüsse auf die Gefühle, »Sackgassen« oder den »Erfolg«(?) der Interaktion zu. Durch den Rollentausch und die Beobachtungsposition entstehen oft verblüffende Erkenntnisse, z.B. über Machtverhältnisse, Körpersprache oder vermeidbare Mechanismen wie Vorwurf → Rückzug.

58. Gemeinsam blind kneten

Intention: gemeinsames, verantwortungsvolles Gestalten
Lernfelder: Wahrnehmung, Verantwortung, Kreativität
Material: Knetmasse oder Ton

»Findet für die kommende Aktion einen Partner. (...) Jede Zweiergruppe bekommt ein Stück Knete (Ton). Eure Aufgabe ist, gemeinsam aus diesem Stück Knete etwas zu kneten. Es gibt aber zwei Handicaps: Ihr dürft nicht dabei sprechen, und ihr dürft beim Formen nicht die Augen öffnen. Beendet die Arbeit, wenn beide zufrieden sind. (...)
  Wie ging es euch dabei? Was habt ihr erlebt, gefühlt, gemerkt? Tauscht euch paarweise darüber aus.«

Das doppelte Handicap (Blindheit + Stummheit), das manchen Kindern oder Jugendlichen vielleicht schwerfallen könnte, hat den Vorteil, daß sehr konzentriert gearbeitet wird. Die haptische Sinneswahrnehmung wird gefördert, ein verantwortliches Miteinanderarbeiten geübt, die Imaginationsfähigkeit angeregt.

❏ *Variation*: mit offenen Augen (bei »schwierigen« Lerngruppen).

59. Abklopfen

Intention: Sensibilisierung und Aktivierung der Körperwahrnehmung, Wohlbefinden schaffen für sich und andere
Lernfelder: Genuß, Verantwortung

»Wenn man müde oder angestrengt ist, gibt es eine gute Methode, die ›Lebensgeister‹ wieder zu wecken, das Abklopfen. Probiert es bei euch selber aus. Die Finger der rechten Hand klopfen vorsichtig den linken Arm ab. Nun die andere Seite, dann den Nacken; den Po und die Beine mit beiden Händen. Sucht euch nun einen Partner, der sich wie ein zusammengeklapptes Taschenmesser hinstellt und klopft ihn nun vorsichtig ab, Arme, Schultern, Rücken, Po, Beine. Klopft in der Nierengegend und am Rückgrat besonders zart und vorsichtig!«

Das Abklopfen sollte in der Partnerarbeit sehr rücksichtsvoll praktiziert werden. Gerade Kinder und Jugendliche lernen dabei gut, verantwortlich miteinander umzugehen.

☛ *Hinweis*: Nach dem Abklopfen sollten sich die Passiven ganz langsam, Wirbel für Wirbel, aufrichten. Einerseits hilft dies der eigenen Körperwahrnehmung, andererseits vermeidet langsames Aufrichten mögliche Schwindelgefühle.

60. Gruppenfindung

Intention: Bilden von heterogenen Arbeits-/Lerngruppen
Lernfelder: Wahrnehmung, Orientierung

»Wir wollen einmal die große Gruppe nach bestimmten Merkmalen sortieren. Stellt euch in einer Reihe auf, und ordnet euch nach Geburtstagen im Jahr (... nach der Helligkeit der Augen/nach der Größe der Handflächen/nach der Fußsohlengröße, aber ohne zu sprechen). Dann bilden jeweils 3 (...4, 5 ...) eine Gruppe.«

Die Entscheidung, nach welchen Kriterien sich die Gruppen sortieren, sollte abhängig von der jeweiligen Intention gefällt werden. Manchen Lern- oder Arbeitsgruppen tut es gut, sich einmal intensiv in die Augen zu sehen, andere erfahren, wann wer Geburtstag hat – vielleicht entstehen neue Kontaktmöglichkeiten. Der nonverbale Austausch beim Fuß- oder Handgrößenvergleich eröffnet neue Wahrnehmungs- und Ausdrucksvarianten, eventuell mit hilfreichen, aber verantwortungsvollen Berührungsmöglichkeiten. Auf spielerische Weise wird Kontakt geschaffen, der weitere Zusammenarbeit erleichtert.

☛ *Hinweis*: Beim Sortieren nach der Helligkeit der Augen ist es sinnvoll, daß sich die Gruppe mit Blick auf das Fenster aufstellt. Unterschiedliche Selbsteinschätzung kann durch nonverbales »Kontrollieren« einzelner Gruppenmitglieder »objektiviert« werden. Der intensive Blick in die Augen wird dabei nicht als Kontrolle, sondern eher als Zuwendung empfunden. Der Beweis hierfür ist das jeweilige Lächeln!

61. Knoten lösen

Intention: Kooperation ohne Konkurrenz erfahren
Lernfelder: Verantwortung, Kreativität

»Kommt dicht zusammen, hebt eure Hände, und berührt möglichst viele. Findet da oben rechte und linke Hände und begrüßt sie. Greift dann mit der *rechten* Hand eine andere *rechte* und mit der *linken* Hand eine andere *linke* Hand, und tretet vorsichtig auseinander. Versucht nun, das entstandene Knäuel zu lösen, ohne daß ihr die Hände loslaßt. Wahrscheinlich entsteht ein großer Kreis."

Das Knotenlösen, das vielen als altes »New Game« bekannt sein mag, wurde erweitert um den Auftrag des bewußten Berührens und Begrüßens. Dadurch werden das Vertrauen zu und der Respekt vor den anderen gefördert. Das Lösen des Knotens hat eine spannende und entspannende Wirkung, es erfordert kreativen gemeinschaftlichen Einsatz. Es kann geschmunzelt und gelacht werden.

❏ *Variation*: Die Gruppe faßt sich an den Händen, so daß eine lange Schlange entsteht. Die Enden der Schlange bekommen die Aufgabe, die Schlange durch Darüber- und Daruntersteigen zu verknoten. Danach schließt sich die Schlange zum verknoteten Kreis und muß sich nun wieder entknoten. Symbolisch gesehen hat diese belebende Übung die Aussage: »Wir lösen gemeinsam ein Problem.«

62. Lehrer, die wir hatten

Intention: Reflexion über Vorbilder
Lernfelder: Wahrnehmung, Orientierung

»Erinnert ihr euch an Lehrerinnen oder Lehrer, die einen besonderen Eindruck auf euch gemacht haben? Könnt ihr eine Körperhaltung, typische Geste oder Gepflogenheit pantomimisch darstellen? (...)
Was habt ihr durch diese Person oder an dieser Person gelernt?«

Wir lernen häufig mehr durch die Verhaltensweisen anderer Menschen als durch das Wissen, das sie uns vermitteln wollen oder müssen. So hat z.B. ein Lernen für Demokratie, Toleranz oder Konfliktlösungsverhalten wenig mit Wissensvermittlung, aber viel mit Vorleben zu tun. Orientieren und Lernen am Vorbild kann bewußt- und deutlich gemacht werden

63. Was fehlt meinen Schülern (Jugendlichen)?

Intention: Sensibilisierung für Defizite anderer, Erkennen von Grenzen
Lernfelder: Wahrnehmung, Verantwortung
Material: Zettel, Stift

»In der Arbeit mit Kindern oder Jugendlichen haben wir es immer wieder mit Defiziten zu tun, die uns oder unsere Klientel in der Arbeit beeinträchtigen. Schreibt einmal die zehn wichtigsten Fakten auf. (...)
Betrifft die Beschreibung eher männliche oder weibliche Kinder/Jugendliche? Schreibt hinter die Aussagen ein ›m‹ bzw. ein ›w‹. Besprecht eure Beobachtungen in Kleingruppen. (...)
Manchmal sind unsere professionellen Einflußmöglichkeiten begrenzt. Seht euch noch einmal eure Listen an, und kenn-

zeichnet die Beobachtungen mit einem ›G‹ für Grenze. Sprecht anschließend darüber!«

Durch diese Übung kann die Wahrnehmung geschlechtsspezifischer Unterschiede in der Bedürfnisstruktur unserer Kinder bzw. Jugendlichen thematisiert und geschult werden. Diese Unterschiedlichkeit wird sich in der Praxis auf unser Verhalten auswirken. Ein bewußter Umgang mit dieser Erkenntnis hilft, auf die einzelnen angemessener eingehen zu können.

Der Hinweis auf die Begrenztheit unserer Einflußnahmemöglichkeiten allerdings ist wichtig, um selbst nicht ins »Burnout« zu geraten. An dieser Stelle könnte die sinvolle Einbeziehung professioneller Stellen (Ämter, Beratungsstellen etc.) thematisiert werden.

64. Was kann süchtig machen? (»Suchtmittelkarussell«)

Intention: Zusammenstellung von süchtig machenden Substanzen oder Vehaltensweisen, Klärung von Informationsbedarf
Lernfeld: Orientierung

»Es gibt tausendundeine Sache, von der man süchtig werden kann, stoffgebunden und nichtstoffgebunden. Laßt uns nach der Reihe ein paarmal im Kreis zusammentragen, was dies alles sein kann. Anschließend ist Zeit nachzufragen.«

Meist werden zuerst die bekannten »Drogen« genannt, die Angebote in unserem Alltag sind aber weitaus vielseitiger. Der enge Blickwinkel erweitert sich, auch in Hinblick auf nichtstoffgebundene Süchte. Bei sehr unterschiedlichem Informationsstand der TeilnehmerInnen empfiehlt es sich, nach der Sammlung Sachfragen zu beantworten. Dann sollte der Mensch wieder zum Thema werden, frei nach dem Motto: *Nicht die Drogen sind das Problem, sondern wie der Mensch mit ihnen umgeht.*

65. Schule macht süchtig

Intention: Suche nach protektiven Faktoren
Lernfeld: Verantwortung
Material: Zettel, Tafel oder Plakatpapier

»Es gibt Untersuchungen, die besagen, daß Mißerfolg in der Schule zu erhöhtem Suchtmittelgebrauch führen kann. Schule kann also manche Menschen – drastisch ausgedrückt – süchtig machen. Schreibt einmal in fünf bis zehn Sätzen auf, wie Schule aussehen müßte, damit sie nicht süchtig macht.«

Die Aussagen werden gesammelt und nach gemeinsam zu entwickelnden Bereichen sortiert. Z.B.: leicht/schwer durchsetzbar, kostenreich/kostenneutral, arbeitsintensiv/leicht zu machen, realistisch/utopisch.

Es geht bei dieser Übung um Schule als Risikofaktor versus Schule als protektiven Faktor für mögliche Suchtentwicklungen. Die Ergebnisse sind aufschlußreich für alle Beteiligten. Schön wäre es, wenn es nicht nur bei der Auflistung bliebe, sondern konkrete Konsequenzen aus der Analyse gezogen würden.

❑ *Alternative*: Bei Kindern könnte der Arbeitsauftrag lauten: »Was ärgert mich an der Schule, wie könnten wir gemeinsam etwas verbessern?«

66. Das (Suchtpräventions-)Spiel

Intention: Spielerische Kommunikation in allen fünf Lern- und Übungsfeldern
Lernfelder: alle
Material: Karteikarten, DIN-A2-Papier/-Karton, bunte Stifte, Würfel, Spielfiguren (Knöpfe, Münzen, Fundstücke ...)

»Wir wollen gruppenweise ein ›Brettspiel‹ entwickeln. Dazu brauchen wir auf dem Zeichenkarton erst einmal viele Wege und Stationen. Wenn man mit der Spielfigur auf ein Feld trifft, das als Station gekennzeichnet ist, muß man eine bestimmte Karteikarte ziehen. Diese Karten werden wir selbst beschriften: Auf den Rückseiten der Karten steht ein A für Aufgabe, ein F für Frage und ein G für Genuß, auf den Vorderseiten darf jeder eine Frage, Aufgabe oder ein Genußangebot formulieren. Entwerft gemeinsam das Spielbrett, aber laßt euch beim Schreiben nicht über die Schulter gucken, die Karten sollen überraschen. Wenn ihr denkt, ihr seid fertig mit dem Produkt, könnt ihr anfangen zu würfeln. Viel Spaß!«

❑ *Variation*: Statt A, F und G ließen sich bei älteren Gruppen auch Karteikarten nach den Suchtpräventionsübungsfeldern V, W, O, K, G (Verantwortung, Wahrnehmung, Orientierung, Kreativität, Genuß) beschriften.

Obwohl im Arbeitstitel des Spieles der Begriff Suchtprävention auftaucht, würde ich bei Vorbereitung und Durchführung des Spieles nichts von Sucht oder Prävention erzählen. Auch so lassen sich gemeinschaftlich viel Spaß, Genuß, Spannung, persönliche Zuwendung, gegenseitiges Kennenlernen und Vertrauen erreichen. In jedem Falle lohnt es sich, genügend Zeit einzuplanen, ca. 2 Stunden.

67. Angst (2 Minuten sprechen)

Intention: freies Sprechen vor einer Gruppe lernen
Lernfelder: Wahrnehmung, Orientierung, Kreativität

»Für fast alle Menschen ist es schwer, vor einer größeren Gruppe zu sprechen. Viele haben Angst davor, anderen gegenüberzustehen und dann alleine reden zu müssen. Man kann dies aber trainieren, so wie man lesen oder schreiben üben kann. Zwei wichtige Übungsschritte könnt ihr heute ausprobieren: Jeder stellt sich einmal vor die Gruppe und stellt sich mit seinem Namen, den Vorlieben und Abneigungen vor. (…)

Nun der nächste Schritt. JedeR bekommt einen Zettel mit einem wahrscheinlich unbekanntem Begriff und spricht über diesen Begriff dann zwei Minuten lang. Auch Unsinniges ist erlaubt. Es gibt kein »Richtig« oder »Falsch«, Hauptsache, ihr schafft es, zwei Minuten lang vor der Gruppe zu sprechen. Wenn euch dies Angst oder Aufregung verursacht, ist das ganz normal.«

Mögliche Begriffe: Sassafrasöl, Orderpapier, kiefeln, Heißbehandlung, durchmustern, Dippelbaum, Sekundärelektron und andere Wörter aus dem Duden.

Bevor diese Übung anderen angeboten wird, empfiehlt es sich – ähnlich wie bei vielen anderen Übungen –, sie selbst einmal auszuprobieren. Wer es schafft, zwei Minuten vor anderen zu bestehen, erreicht ein höheres Maß an Selbstsicherheit, das für weitere Situationen (nicht nur im suchtpräventiven Sinne) hilfreich sein kann.

☛ Besonders hinzuweisen ist auf das Prinzip der Freiwilligkeit. Wer sich durch den Gruppendruck gedrängt fühlt, praktiziert das Gegenteil von Suchtprävention.

68. Führen und führen lassen

Intention: Vertrauen fördern, feine Signale aufnehmen können
Lernfelder: Wahrnehmung, Verantwortung

»Findet euch zu zweit zusammen. Eine Person darf nun führen, die andere wird blind geführt. Achtet darauf, daß ihr sehr rücksichtsvoll miteinander umgeht. Ändert mehrfach das Tempo. Wechselt auf mein Signal hin die Rollen. (...)
Wie ging es euch in der jeweiligen Rolle?«

Diese bekannte Übung kann immer wieder neu erweitert werden und fordert den Ehrgeiz heraus, auf sensible Weise fürsorglich, aber fast artistisch miteinander umzugehen.

❏ *Erweiterungen*: Der Schwierigkeitsgrad läßt sich schrittweise erhöhen, z.B. an einer Hand, an einem Finger führen, mit Worten, Geräuschen oder mit einem Summton führen, kleine Aufgaben mit dem »Roboterarm« ausführen, aus einer Ecke heraus mit »Fernbedienungssignalen« leiten ...

69. Bewegen und begrüßen

Intention: spielerisch Kontakt aufnehmen können
Lernfelder: Wahrnehmung, Verantwortung, Genuß

»Geht, lauft, eilt ... kreuz und quer durch den Raum, ohne einander zu berühren oder behindern. (... Ansage der jeweiligen Bewegungsform) Jetzt nehmt Kontakt miteinander auf, begrüßt euch durch Augenzwinkern, (...weiterlaufen durch den Raum, evtl. durch Hintergrundsmusik unterstützt) ohne Worte mit Handschlag, durch Aneinanderreiben der Oberarme, durch kurzen Kontakt der Hüften, der Knie ...«

Eine gute Auflockerungsübung, die Bewegung, Lachen und verantwortungsvolles Umgehen miteinander unterstützt. Die spielerische Form der körperlichen Kontaktaufnahme vermeidet Peinlichkeiten und kann dabei sehr lustvoll sein. Das vorhandene Kontaktbedürfnis wird erfüllt, die Kontaktschwelle wird verkleinert.

70. Komplimente

Intention: positives Feedback erhalten, Ich-Stärkung
Lernfelder: Orientierung, Genuß
Material: Papier DIN A4

»Jeder bekommt einen Zettel und schreibt auf die unterste rechte Ecke seinen Namen. Dann gebt den Zettel nach rechts weiter. Die Nachbarin oder der Nachbar schreibt nun auf die oberste Zeile etwas Gutes über dich, knifft dies nach hinten und gibt wieder nach rechts weiter. Wenn der Zettel wieder bei jedem angekommen ist, haben wir alle eine Liste voller Komplimente. (...)
Jetzt könnt ihr gerne die schönsten, interessantesten oder erstaunlichsten Komplimente vorlesen. Versucht einmal, das, was an euch geschrieben wurde, in der Ich-Form vorzutragen.«

❏ *Variante*: Zettel auf den Rücken kleben, Komplimente auf den Rücken schreiben.

Es tut immer wieder gut, etwas Gutes über sich gesagt oder geschrieben zu bekommen. Die Möglichkeiten dazu im Alltag werden selten genutzt, sind für den Menschen aber existentiell notwendig.

☛ Eine Variante dieser Übung, eine positive und eine negative Eigenschaft aufzuschreiben, halte ich nicht für empfehlenswert, gerade in großen Gruppen können eventuelle Verletzungen oder Kränkungen nicht wahrgenommen oder aufgefangen werden.

Falls nicht sicher ist, ob sich alle Beteiligten an die Arbeitsanweisung halten, nur positive Fakten zu benennen, kann der/die Anleitende die Zettel einsammeln und mit »Filter« vorlesen.

71. Den anderen etwas Gutes tun

Intention: Gruppe verschafft einer Person Genuß
Lernfelder: Genuß, Verantwortung, Wahrnehmung

»... hat heute Geburtstag (...hat heute das Los gezogen). Laßt uns für sie/ihn etwas Gutes tun. Wir schicken sie/ihn kurz vor die Tür und beraten, was wir machen.«

Im Mittelpunkt zu stehen, von anderen etwas Gutes oder Schönes zu bekommen kann sehr genußvoll sein. Die gemeinschaftlich entwickelte Idee könnte jedesmal, abhängig von den jeweiligen Umständen, einen anderen Inhalt oder eine andere Form haben. Mal ist es ein Lied, mal ein Brief, eine Massage, anerkennende Worte, ein Spiel, kleine Geschenke, Bilder, Fanpost, durch den Raum getragen werden ...

72. Drei Eigenschaften

Intention: Steigerung des Selbstwertgefühls
Lernfelder: Wahrnehmung, Orientierung
Material: Zettel, Stifte

»Schreibt einmal drei Eigenschaften, die für euch typisch sind, anonym auf einen Zettel. Ich sammle dann die Zettel ein und lese sie vor. Die anderen raten und begründen, auf wen die Eigenschaften zutreffen. Bitte nicht übertreiben oder flunkern!«

Eine gute Feedback-Übung, die Unterschiede von Selbst- und Fremdwahrnehmung bzw. deren Bewertung aufzeigt. Manchen Jugendlichen fällt diese Übung im ersten Moment schwer, weil es für sie ungewohnt ist, sich selbst einzuschätzen, sie neigen daher zur Übertreibung. Die anderen Gruppenmitglieder dürfen dann subjektiv korrigieren. Durch die Veröffentlichung wird die jeweilige Position gestärkt. Falls diese besonders selbstkritisch ist, relativiert dies die Gemeinschaft.

73. Männlich – weiblich

Intention: Reflexion von Geschlechtsrollenzuweisungen
Lernfelder: Wahrnehmung, Orientierung
Material: Zettel, Stifte

»Faltet euer Blatt in zwei Teile, schreibt dann fünf Minuten lang auf die linke Seite alles, was euch zum Begriff ›männlich‹ einfällt, und auf die rechte Seite alles, was euch zum Begriff ›weiblich‹ einfällt. Denkt an Beobachtungen, die man auf der Straße, im Fernsehen, zu Hause oder in der Schule machen kann. (…)

Setzt euch nun zu dritt zusammen, lest euch eure Ergebnisse vor und kennzeichnet, was eurer Meinung nach verändert werden sollte, mit einem ›V‹, was so bleiben sollte, mit einem ›B‹.«

Die Assoziationen zu den Begriffen ›männlich‹ und ›weiblich‹ stellen eine Sammlung der täglich beobachtbaren Phänomene dar. Der gemeinschaftliche Austausch und die Klassifizierung von möglichen Veränderbarkeiten machen Schritte zu Neuorientierung und Wachstum möglich.

☛ Bei dieser Übung könnten – je nach Erfahrung der Jugendlichen – auch interkulturelle Unterschiede thematisiert werden. Pauschalisierungen sollten auf eine differenzierte Erlebnisebene gebracht werden. Einzelkritik statt allgemeiner Diskriminierung, Hintergrund statt Oberfläche!

74. Das Klassenbild

Intention: Positionsbestimmung in der Gruppe
Lernfeld: Orientierung
Material: Blatt DIN A4 oder A3, Buntstifte

»Mit bunten Punkten soll ein Bild deiner Klasse entstehen. Fange in der Mitte an, suche eine Farbe für dich, male einen runden Punkt. Gib deinen MitschülerInnen ebenfalls farbige Punkte, und gruppiere sie um dich. Wer ist dir am nächsten, wer ist weiter weg ...? Wenn du willst, schreibe die Erklärung auf die Rückseite.«

Eine einfache, aber wirkungsvolle Form, ein Klassensoziogramm zu erstellen. Durch die Grafik werden Beziehungen verdeutlicht – ein guter Gesprächsansatz zum Thema »Ich und die Gruppe«. Mögliche Spannungen, Unzufriedenheiten und Veränderungswünsche können verbalisiert werden. Gemeinsame bzw. individuelle Suche nach Lösungswegen kann initiiert werden.

❏ *Alternatives* »*Erbsensoziogramm*«: Anstatt bunter Punkte kann auch eine Handvoll getrockneter Erbsen dazu benutzt werden, ein Soziogramm zu legen. Anhand der Position der Erbsen können Cliquen, Beziehungen, Distanzen, aber auch Wünsche gelegt und variiert werden.

75. »*Was, du rauchst (trinkst) nicht?*«

Intention: Training der Durchsetzungsfähigkeit
Lernfelder: Verantwortung, Orientierung

»Stellt euch vor, ihr kommt in eine Situation, in der ihr gefragt werdet: Was, du rauchst nicht?‹ Wie könntest du antworten? Was könnten die anderen erwidern? Schreibe den möglichen Dialog auf (oder suche dir eine Person, mit der du den Dialog durchspielen könntest).«

Je nach Spielfreudigkeit der Gruppe empfiehlt sich der schriftliche Dialog oder ein Rollenspiel. Das Thema Rauchen kann auch durch Trinken oder Kiffen ersetzt werden. Gruppendruck zu widerstehen kann hier auf imaginäre und spielerische Weise geübt werden. Argumente werden gesammelt, Durchsetzungsvermögen und Selbstwertgefühl erhöht, Unabhängigkeit gefördert.

76. »*Männer sind nicht nur als Babys blau*«

Intention: Auseinandersetzung mit Projektionen und Rollenverhalten
Lernfelder: Orientierung, Verantwortung
Material: Zettel, Stifte, evtl. Song: »Wann ist ein Mann ein Mann?«

»Der Musiker Herbert Grönemeyer hat in seinem Lied ›Wann ist ein Mann ein Mann?‹ viele Urteile und Vorurteile über Männer gesammelt. Zum Beispiel ›Männer sind nicht nur als Babys blau‹. Kennt ihr auch Aussagen über Männer oder Frauen, die übertrieben sind? Schreibt sie bitte auf jeweils einen Zettel, einen für die Männer einen für die Frauen. (…)
  Laßt uns nun in zwei Gruppen gegenübersitzen, ›Frauen‹ hier, ›Männer‹ da. Lest die eingesammelten Vorurteile einzeln

vor, und versucht, diese durch Argumente zu entkräften. Die Männer entkräften bitte die Vorurteile über die Frauen und umgekehrt.«

Besonders im Jugendalter wird gegenüber dem anderen Geschlecht gern übertrieben bzw. abgegrenzt. Auch wenn zur Identitätsfindung Abgrenzungen notwendig sind, so sollten sich aber Diskriminierungen nicht festigen. Das Argumentieren für die Andersgeschlechtlichen erhöht die Sensibilität und stärkt das respektvolle Umgehen miteinander. Gleichzeitig wird das jeweilige Selbstwertgefühl gefördert, da die Argumentationsfähigkeit gegenüber herrschenden Meinungen praktisch geschult wird.

77. Die drei Musketiere

Intention: Erkennen von Gemeinsamkeiten und Tolerieren von Unterschieden bei guten Bekannten
Lernfelder: Orientierung, Genuß
Material: Zettel, Stifte

»Vielleicht habt ihr schon einmal von den drei Musketieren gehört, das waren drei französische Ritter, die gemeinsam sehr stark und einfallsreich waren. Mit welchen zwei Personen in deiner Gruppe/Klasse könntest du dir eine starke und einfallsreiche Kleingruppe vorstellen? Übrigens: Stark sein muß nichts mit Muskelkraft zu tun haben. In welchen Eigenschaften seid ihr euch ähnlich, in welchen Eigenschaften unterscheidet ihr euch? Was mögt ihr alle? Was mögen alle unterschiedlich? Anschließend können wir alles vorlesen, ohne Namen zu nennen (und vielleicht auch erraten, wer wohl gemeint war).«

Individualität und Gruppengefühl müssen keine Widersprüche sein. Wir können andere mögen, dürfen aber unterschiedliche Meinungen und anderen Geschmack haben. Ein spielerischer Weg, suchtpräventive Haltung zu festigen.

78. Massage-Diktat

Intention: Praktizieren von einfachen Massagetechniken
Lernfeld: Genuß, Verantwortung

»Für die nächsten zehn Minuten braucht ihr jeweils eine Partnerin oder einen Partner. Nach meiner Ansage gibt es dann für die entspannt Sitzenden eine interessante und wohltuende Massage.«

❑ *Variante 1* für Jüngere (Nashornbaby waschen): »Das Nashornbaby hat sich mal wieder ganz schön schmutzig gemacht und muß von der Mutter/vom Vater gewaschen werden. Zuerst geht eine rauhe Bürste über den Rücken, um die groben Verkrustungen abzureiben. Dann wird mit Wasser nachgespült und fein gebürstet. Einige Stellen müssen noch nachbehandelt werden, in den tiefen Poren ist noch etwas Sand. Jetzt kann mit dem Einseifen begonnen werden, schön schaumig. Dann wird wieder lauwarm gespült und schließlich ganz sanft trockenfrottiert. Genüßlich verwöhnt kann sich das Nashornbaby bedanken.« Wechsel.

❑ *Variante 2* für Jüngere und Ältere (Wetterbericht): »Morgens weht noch eine kühle Brise, die Sonne geht am leicht bewölkten Himmel auf und erwärmt langsam die Landschaft. Wo die Sonne länger scheinen kann, wird es angenehm warm, leichte Winde sind am Vormittag zu erwarten. Gegen Mittag ziehen dunkle Wolken auf, es beginnt zu stürmen, zu tröpfeln, bis der Regen schauerartig auf die Landschaft niederfällt. In einigen Gegenden kann es sogar zu Hagelschauern kommen. Am Nachmittag steigt die Temperatur aber wieder leicht an, nachdem sich Wind und Wolken verzogen haben. Am Abend gibt es dann einen schönen Sonnenuntergang, ganz leicht weht der Abendwind.«

❑ *Variante 3* (Reise zum Äquator): Je nach Ausgangspunkt und Alter können geographische Phänomene in dem Text verarbeitet werden, der Phantasie sind keine Grenzen gesetzt. Wettereinflüsse, Staßenverhältnisse, klimatische Bedingungen, Seereise, Kamelritte, tropischer Regen etc. könnten in die Anweisungen eingebaut werden.

Die angeleiteten Massageübungen bringen immer wieder Genuß und Spaß. Mögliche Berührungsängste oder Handlungsunsicherheiten werden durch die verbale Anleitung abgebaut. Die begleitenden Ansagen sollten alters- und interessenabhängig geändert werden. Mögliche Alternativen: Besuch eines Rummelplatzes, Pizza-Backen, Europa-Reise, abenteuerlicher Schulweg, Rübenanbau, -pflege und -ernte ...

79. Kim's Game beim Partner

Intention: Übung der optischen Wahrnehmung
Lernfeld: Wahrnehmung

»Zwei Personen sitzen sich ruhig gegenüber und beobachten sich. Nun schließt A die Augen, während B an sich eine Kleinigkeit verändert, z.B. die Körperhaltung. A muß versuchen die Veränderung zu benennen. Wechselt danach die Rollen, wenn's zu leicht war, erhöht den Schwierigkeitsgrad.«

»Kim's Game« ist eigentlich ein Kinderspiel aus dem angelsächsischen Raum: Einer von zehn Gegenständen auf einem Tisch wird weggenommen, während zwei Spieler hinausgeschickt wurden. Wer zuerst den fehlenden Gegenstand benennen kann, hat gewonnen. Die suchtpräventive Variante dieses Spiels bietet interessante Elemente: Partner nehmen sich Zeit füreinander, betrachten sich intensiv, aber nicht peinlich: Nähe entsteht, es kann zusammen gelacht werden, die Kontaktfähigkeit verbessert sich auf spielerische Weise.

80. Mit Deckeln bedecken

Intention: verantwortliches Handeln in der Gruppe
Lernfelder: Verantwortung, Wahrnehmung, Genuß
Material: eine Tasche voller Bierdeckel (ohne Bierreklame?)

»Wer möchte sich einmal von den anderen vollständig mit Bierdeckeln bedecken lassen, so lange, bis man nichts mehr von euch sieht? Ihr müßt dazu ganz stillhalten, und die anderen dürfen euch vorsichtig zudecken oder zudeckeln.«

Beide Rollen, das Bedecken und das Bedecktwerden bedürfen sehr vieler Konzentration und Ruhe. Die Bedeckten erfahren ein Gefühl von Fürsorge, die Bedeckenden geben sie. Die Intensität der Reflexionsphase, in der über die Erfahrungen und Gefühle gesprochen wird, ist abhängig vom Entwicklungsstand der jeweiligen Gruppe.

81. Wie Kinder genießen

Intention: Reflexion zum Thema Genuß, Einfühlen in die Erlebniswelt von Kindern/Jugendlichen
Lernfelder: Genuß, Kreativität, Orientierung, Wahrnehmung
Material: Illustrierte, Klebstoff, Scheren

»Sucht euch unter den Illustrierten Bild- und Schriftmaterial heraus, das ihr zu einer Collage zusammenstellen könnt mit dem Thema: ›Wie Kinder (Jugendliche) genießen‹.« (...)

Aushängen der Arbeitsergebnisse, Vorstellen und Nachfragen in kleinen Gruppen.

Das Bildmaterial erleichtert den inhaltlichen und formalen Zugang zum Thema Genuß. »Wie Kinder« darf zweideutig aufgefaßt werden: genießen wie die Kinder, also kindlicher Genuß, oder als Übung zum Einfühlen in die kindliche Erlebniswelt. Beide Impulse führen zum Ziel der themenzentrierten Auseinandersetzung mit Hilfe von kreativen Medien und dem Vergleichen bzw. Erweitern der eigenen Wahrnehmungswelt.

❏ *Varianten*: In Kindergruppen ist das bloße Thema »Genuß« oder »Genießen« empfehlenswert, in Jugendgruppen könnte das Thema lauten »Wie Jugendliche genießen«, bei Erwachsenen »Wie Kinder genießen«.

82. Gemalter Kinderdialog

Intention: Üben von verantwortungsvoller Kooperation
Lernfelder: Kreativität, Verantwortung
Material: Bildersammlung (kopierte Fotos/Karikaturen von Kindern, handtellergroß), Klebstoff, Filzstifte, Blatt DIN A3 oder DIN A2

»Sucht euch ein Bild aus, das euch besonders interessiert, findet einen Partner/eine Partnerin, setzt euch zusammen vor ein großes Blatt. Klebt nun euer Bild in die linke bzw. rechte Ecke des Blattes, und laßt die beiden Personen miteinander sprechen. Allerdings ohne Worte aber mit einem unterschiedlich farbigen Stift. Findet ein Ende, das beiden Personen entspricht.« (...)

Verbaler Austausch in Paaren, dann Erfahrungsaustausch in der Großgruppe.

Diese Übung erfordert ein gewisses Maß an Kooperationsfähigkeit und Disziplin. Der Prozeß der Entstehung sowie die

Ergebnisse des verbalen Austausches sind meist spannend und heiter, sie lassen aber auch Muster von Kontakt- und Kommunikationsstrukturen sichtbar werden.

❏ *Erweiterung*: Nach der Auswahl der Kinderbilder kann folgende Aufgabe gestellt werden: »Suche dir eine Partnerin oder einen Partner, der oder die zu deinem Bild einen Gegensatz bieten kann. Laß diese Figur auf dem Bild einen Satz sprechen, der mit ›Ich‹ beginnt. (...) Dann setzt euch zusammen, und klebt die Bilder in jeweils eine Ecke.« (...)

83. Sucht wächst (W.E.K.S.D.)

Intention: Kennenlernen von Kriterien für Sucht, Austausch über (professionelle) Erfahrungen, Kennenlernen von Handlungsalternativen
Lernfeld: Orientierung

»Wer nach Suchtdefinitionen sucht, wird meist mit einem Problem konfrontiert. Unterschiedliche Interessen lassen nämlich die Experten zu unterschiedlichen Beschreibungen und Beurteilungen kommen. Suchtentwicklung ist immer ein Prozeß, je nach persönlicher Position sprechen die Fachleute früher oder später von Sucht. Ich zähle jetzt einmal fünf mögliche Kriterien für Sucht auf:

W für Wiederholungszwang
E für Entzugserscheinungen
K für Kontrollverlust
S für Selbstschädigung
D für Dosissteigerung (Toleranzerwerb)

Sucht entsteht nicht von einem Tag auf den anderen. Wer hat Tendenzen zu solchen Einzelsymptomen bei Kindern oder Jugendlichen beobachtet? Wie habt ihr reagiert? (…)
Könnt ihr euch Alternativen zu diesen Reaktionen vorstellen?«

Diese Übung ist speziell für SuchtprophylaktikerInnen in der Praxis bestimmt, die so gerne auf die Spitze des Eisbergs blicken. Da es bei der Entwicklung von Sucht (zumindest rückblickend) viele Verhaltenstendenzen gibt, die Signalcharakter haben können, lohnt sich der Austausch über die Reaktionen der Suchtpräventions»profis«. Da es nicht um Rezeptaustausch geht, ist die Suche nach Alternativen eine sinnvolle Möglichkeit. Regel: Den Ideen nicht »eins draufsetzen«, sondern etwas hinzufügen.

❏ *Alternative Fragestellung für* Jugendgruppen: »Welche Buchstaben, welche Inhalte kommen mir bekannt vor?«

84. Der Kobold in der Raucherecke

Intention: Übung der Argumentationsfähigkeit,
Festigung des Selbstbewußtseins,
Förderung der Phantasiefähigkei
Lernfelder: Orientierung, Kreativität

»Stellt euch einmal vor, ein fünfzehnjähriger nichtrauchender Schüler begibt sich in Richtung Raucherecke der Schule. Auf dem Weg dorthin setzt sich ein unsichtbarer Kobold auf seine Schulter und flüstert ihm etwas ins Ohr. 1. Was könnte dieser flüstern? 2. Was könnte der Schüler ihm antworten? Wie geht es weiter? Schreibt den Dialog auf.« (...)

Vorlesen der Texte ohne Namensnennung.

Verführung lauert überall. Selten wird bei Gewissenskonflikten oder Konfrontationen Jugendlicher rational argumentiert, eher gefühlt, projiziert oder den Gruppennormen entsprechend gehandelt. Der stille Dialog, aus der Phantasie in Worte gefaßt, läßt den möglichen Zwiespalt sichtbar und nachfühlbar machen. Die Anonymität dient dem Schutz der einzelnen.

85. Schule – Risiko oder Schutz?

Intention: Information über den Zusammmenhang von schulischen Leistungen und Suchtmittelgebrauch, Suche nach Alternativen
Lernfelder: Kreativität, Orientierung
Material: Tafel oder DIN-A1-Blatt

»Schule kann junge Menschen in Suchtverhalten führen, sie kann aber auch dazu beitragen, eine Suchtgefährdung zu vermeiden. Zum Beispiel: Schlechte schulische Leistungen lassen manche Jugendlichen zu Suchtmitteln (Bier, Zigaretten ...) greifen, viel Bestätigung und gute Leistungen verringern das Bedürfnis nach Suchtmittelgebrauch. Welche Beispiele fallen euch noch ein? Wie kann Schule Risiko sein – wie könnte Schule schützen? Notiert euch die Gedanken und Ideen.« (...)

Übertrag und Zusammenstellung der Ergebnisse auf Tafel oder Papier.

Risiko	Schutz

»Was können wir dafür tun, daß Schule junge Menschen schützt?«

Da Schule bezüglich Suchtverhalten Risikofaktor als auch protektiver Faktor sein kann, lohnt sich eine intensive Auseinandersetzung mit diesem Themenbereich. Die Reflexionen sollten dabei nicht im Beklagen der Zustände enden, sondern in umsetzbaren Vorschlägen und Alternativen. Ebenso sollten die Bedingungen für die Umsetzung besprochen und gegebenenfalls erste Schritte vereinbart werden.

86. Morgenkreis/Montagskreis/Wochenabschlußkreis

Intention: Ritualisierung aktueller persönlicher Positionen
Lernfelder: Wahrnehmung, Verantwortung

»Laßt uns im Kreis zusammensitzen. Wir wollen uns Zeit nehmen, die Dinge zu besprechen, die jedem einzelnen wichtig sind. Jede Person, die möchte, darf uns der Reihe nach etwas mitteilen.« (...)

Die ritualisierte Form der Gesprächsrunde läßt Raum und Zeit für die wichtigsten anliegenden Themen, Gefühle, Erlebnisse ... Die Runde mag Zeit kosten, aber manche Arbeitsstörungen, mancher zeitraubender Ärger läßt sich durch dies Ritual verhindern. Ausdrucks-, Beziehungsfähigkeit und Verantwortung erweitern sich.

Ein stures Nach-der-Reihe-Gehen ist nicht erforderlich, gute Erfahrungen wurden allerdings z.B. mit einem sogenannten »Redestein« gemacht. Dieser wird beim Reden in der Hand behalten und weitergegeben, wenn man fertig ist. Der »Redestein« kann auch ein kleiner Ball oder eine glänzende Kugel (klingende chinesische Massagekugel für die Symbolik: »Ich sehe mich, ich sehe euch«) oder ein Massage-Igel (mit der Symbolik: »Was mich heute piekt ...«) sein. Oftmals gibt es einfach nichts Besonderes zu berichten, dafür können aber manche Einzelaussagen sehr bedeutungsvoll sein. Der herkömmliche Zeitrahmen hätte dafür vielleicht keine Möglichkeit geboten.

87. Rücken an Rücken

Intention: Kennenlernen von wohltuender körperlicher Kontaktaufnahme
Lernfeld: Genuß

»Jetzt gibt es für ein paar Minuten etwas Angenehmes und Entspannendes. Sucht euch dafür einen Partner oder eine Partnerin, mit dem/der ihr euch gut versteht. (…)

Setzt euch voneinander abgewandt auf einen Stuhl, so daß zwischen euren Rücken noch drei Zentimeter Platz ist. Spürt ihr aus dieser Entfernung schon Wärme? Nun lehnt euch vorsichtig an den Rücken des anderen. Nur so fest, wie es euch angenehm ist. Bleibt einen Minute lang Rücken an Rücken, schließt die Augen, bleibt still oder bewegt euch ganz leicht. (…)

Verabschiedet euch von dem Rücken, und tauscht euch darüber aus, wie es euch ergangen ist.«

❏ *Variation 1*: Es lassen sich auch gut Geschichten dazu erzählen (Reise mit verschiedenen Verkehrsmitteln) oder Imaginationshilfen über erzählte Bilder herstellen (an einer Palme in der Sonne lehnen, im Boot über die Wellen schaukeln, auf einem Kamel reiten …).

❏ *Variation 2*: Die Stühle können wie bei der »Reise nach Jerusalem« in zwei Reihen nebeneinander aufgestellt werden. Es wird einen Platz weitergerückt, wenn der Ton einer Klangschale ertönt.

88. Haus – Baum – Hund

Intention: Hinführung zu verantwortungsvoller und kreativer Partnerarbeit
Lernfelder: Kreativität, Verantwortung
Material: Stifte, DIN-A4-Blätter

»Bei dieser Übung darf man nicht mit dem Partner sprechen, sondern muß eine Aufgabe erfüllen, sucht euch jemanden. (...) Nun versucht, mit *einem* Stift auf einem Blatt Papier ein Haus, einen Baum und einen Hund zu zeichnen. (...) Unterschreibt mit euren beiden Namen. (...)
 Wie ist es euch ergangen? Wie kamt ihr mit dem Führen bzw. Geführtwerden zurecht? Überwogen Spaß oder Unzufriedenheit?«

Eine gute Übung, auf scheinbar spielerischem Weg die Themen Dominanz, Gewalt, Toleranz, Stärke oder Schwäche sinnlich erfahrbar zu machen und sie anschließend zu besprechen. Der Zeichenprozeß findet meist sehr konzentriert statt, obwohl dabei auch viel geschmunzelt und gelacht wird.

89. Die Traumschule

Intention: Aktivierung von Innovationsbedürfnissen im schulischen Umfeld, Formulieren von Kritik und Suche nach Veränderungsmöglichkeiten
Lernfelder: Genuß, Verantwortung, Orientierung
Material: Zettel, Stifte

»Seit es die Schule gibt, gibt es den Wunsch, diese zu verändern. Wie könnte eure ›Traumschule‹ aussehen? Stellt euch vor, ihr dürftet mitentscheiden. Welche Ideen und Vorschläge habt ihr? Schreibt sie auf euren Zettel. (...)
  Laßt uns die Ergebnisse vorlesen und überlegen, ob manche Zettel gut zueinander passen.«

Damit die Beteiligten mit ihren Ideen und Wünschen nicht alleine gelassen sind, empfiehlt sich nach der Ideensammlung eine Phase der Realisierungsüberprüfung: Welche Veränderungen sind unter welchen Bedingungen machbar? Was läßt sich relativ leicht ändern, was kostet Zeit, Kraft und Engagement (Sortierungsmöglichkeit)? Gibt es Gremien, Bündnispartner? Sind erste Schritte sofort möglich? Wie müßte es dann weitergehen?

90. Zukunftswerkstatt

Intention: kooperative Planung von möglichen Veränderungen eines Lebensbereiches
Lernfeld: Orientierung, Verantwortung
Material: DIN-A1-Bögen, Filzstifte, Zettel

»Heute können wir uns ganz viel Zeit lassen für ein wichtiges Thema: ...
  Wir werden dieses große Thema in drei Phasen oder Blöcken bearbeiten, für die wir jeweils ... Zeit haben. Die drei Blöcke

heißen: Kritikphase – Utopiephase – Realisationsphase, habt etwas Geduld, die kompliziert klingenden Namen werden bald geklärt.«

Der Umfang einer Zukunftswerkstatt kann sich in der Praxis von einem halben Tag bis zu drei Tagen erstrecken. Die Durchführung orientiert sich an den genannten drei Phasen.

Kritikphase: Sammeln aller Fakten, Unzufriedenheiten, Teilthemen, Hindernisse, Ängste ..., Benennen von Schwerpunkten, Rubrizierung der Kritikaussagen,
Utopiephase: Positive Umwandlung der Kritikaussagen, Ideensammlung, Brainstorming, Übertreibung, Phantasieauswahl/-Rubrizierung, Entwürfe, Präsentation,
Realisationsphase: Prüfung der Utopien in Richtung Umsetzbarkeit, Auswahl, Strategien, Präsentation der Ergebnisse.

Es lohnt sich, genügend Zeit für die Durchführung einer Zukunftswerkstatt einzuplanen. Unter Zeitdruck zu stehen, wenn wichtige Themen anstehen, macht für alle Beteiligten Streß. Besonders gut eignen sich Projekt- oder Studientage. Das jeweilige Thema sollte von einer breiten Mehrheit beschlossen worden sein; die TeilnehmerInnen sollten auch über die Struktur einer Zukunftswerkstatt vorher informiert worden sein.

Empfehlenswerte Literatur: Jungk/Müllert: Themenheft Zeitschrift ›Pädagogik‹ 6/92. Allemal bessere Information über Zukunftswerkstätten liefert die Erfahrung einer realen Teilnahme an einer Zukunftswerkstatt, Adressen und Anregungen dazu in Burow/Neumann-Schönwetter (1995).

91. Abc der Institution

Intention: Assoziationssammlung zum, und Reflexion über den »Arbeitsplatz«
Lernfelder: Wahrnehmung, Orientierung
Material: kopierte Blätter mit dem Abc in senkrechter Reihenfolge

»Laßt uns einmal ansehen, was wir an unserer Schule (Institution) alles bemerken, man könnte ein ganzes Abc mit unseren Beobachtungen und Einschätzungen füllen. Manchmal ist sie A wie anstrengend, B wie belastend und so weiter. Versucht einmal alleine, das vorbereitete Abc zu füllen. (...)
Auf Zuruf wird nun das Abc mit den Nennungen ergänzt, eine bunte Sammlung entsteht. Jede persönliche Assoziation wird akzeptiert, es gibt daher kein ›Richtig‹ oder ›Falsch‹.«

Die positiven bzw. negativen Zuschreibungen können unterschiedlich farbig gekennzeichnet werden. Nachfragen sind erwünscht, weil sie der gegenseitigen Verständigung dienen. Anschließend erfolgt die Suche nach Verbesserungsideen.

Das vorgegebene Abc läßt breitere Assoziationen zu als die Frage: »Wie findest du deine ...«

Die anschließende Suche nach Wegen aus der Unzufriedenheit ist unbedingt sinnvoll und sollte die Realisierbarkeit berücksichtigen.

A B C D E ...

92. Parcours der Sinne

Intention: Aktivierung der Sinneswahrnehmung, Kooperation
Lernfelder: Wahrnehmung, Genuß
Material: im Prozess zu organisieren

»Jeder Mensch ist mit den berühmten fünf Sinnen ausgestattet: Hören, Sehen, Fühlen, Schmecken, Riechen. Wir wollen in unserem Raum mit einfachen Mitteln einen Weg suchen, auf dem Stationen eingerichtet werden, die die einzelnen Sinne ansprechen. An jeder Station können wir uns dann Zeit nehmen, mit jeweils einem Sinn etwas zu erleben. Was brauchen wir dazu, wer hat schon eine Idee?« (...)

Den Einfällen für diesen »Parcours der Sinne« sind kaum Grenzen gesetzt, der Herstellungsaufwand ist allerdings unverhältnismäßig größer als der Erlebnisdurchlauf (Der Weg ist das Ziel!). Die Erstellung eines Parcours eignet sich ebenso für fachübergreifenden oder Projektunterricht wie für Festivitäten, die meist nur den Geschmackssinn berücksichtigen.

❏ *Ergänzung*: Wir können bei der Planung und Durchführung auch einem weiteren Sinn einen Platz einräumen, dem Gleichgewichtssinn. Wer Erfahrungen gemacht hat, wie wichtig die Psychomotorik beim Lernen sein kann, schätzt besonders Übungen für diesen Sinn. Vergleiche hierzu Dennison/Dennisson (1991).

93. Mein linker Platz

Intention: Feedback geben und nehmen
Lernfelder: Wahrnehmung, Verantwortung

»Laßt uns im Sitzkreis zusammenkommen. Viele von euch kennen das Kinderspiel ›Mein rechter Platz ist leer, ich wünsche

mir den ... her‹. Jetzt kommt eine spannende und lustige Abwandlung: Mein linker Platz ist leer, ich wünsche mir die Person her, die immer/häufig/gerne/am liebsten ...
Setzt ein, was ihr beobachtet habt, was typisch für diese Person ist, nennt keinen Namen, aber versucht auch, keine Kränkungen entstehen zu lassen. Wenn ein neuer linker Platz frei wird, geht's weiter.«

Eine Übung für Gruppen, die sich länger kennen, immer wieder witzig und aufschlußreich. Die Beobachtungen können auch gestisch und mimisch unterstützt werden. Viele TeilnehmerInnen erhalten auf humorvolle Art und Weise ein Feedback über ihre Person.

94. Star der Woche

Intention: Aufmerksamkeit schenken und bekommen
Lernfelder: Genuß, Verantwortung
Material: (Paß-)Fotos

»In der nächsten Zeit soll jede Person der Gruppe einmal ›Star der Woche‹ sein. Was brauchen wir außer einem Foto dafür noch? Wie konnen wir den ›Star‹ genügend kennenlernen, würdigen und herausheben?«

Die inhaltliche Entscheidung der »Staraktion« sollte von allen Gruppenmitgliedern erarbeitet und getragen werden (Verantwortung). Der Star steht für eine Woche im Mittelpunkt, für viele eine neue und wichtige Erfahrung zwischen Peinlichkeit und Genuß. Das Pendel sollte, pädagogisch unterstützt, unbedingt in Richtung Genuß ausschlagen. Die Wertschätzung der jeweiligen Person wird von den Gebenden und Nehmenden oft gleichermaßen als angenehm empfunden.

95. Die gute Tat

Intention: Aufmerksamkeit/Freude schenken und spüren
Lernfelder: Genuß, Verantwortung, Kreativität

»Warum sollten die Menschen sich eigentlich nur zu bestimmten Anlässen wie Weihnachten oder Geburtstag etwas Gutes tun? Wie wär's mit einer kleinen Freude, einer Hilfsbereitschaft zwischendurch? Laßt uns jeweils einen Namen ziehen und für die nächste Zeit (z.B. ein oder zwei Wochen) ganz anonym dieser Person einmal oder mehrfach etwas Gutes tun. Danach können wir erraten, wer oder was es war. Wenn's Spaß gemacht hat, können wir die Aktion weiterführen.«

Diese Übung ist eine Variation der alten Pfadfinderregel »Jeden Tag eine gute Tat«. Die Anonymität ermuntert die Phantasie, auch mit kleinen Dingen (nichtmateriell) anderen eine Freude zu machen. Die Beschenkten erhalten für eine bestimmte Zeit das Gefühl, persönlich wichtig zu sein. Oft hält dieses Gefühl auch noch länger an, entweder durch Wiederholen der Aktion mit anderen Partnern, manchmal auch durch das Entstehen neuer Freundschaften.

96. Hug-Tack

Intention: Bewegung und Berührung im spielerischen Kontext
Lernfeld: Genuß
Material: 1, 2 oder 3 Kissen

»Hug-Tack kommt aus dem Englischen und heißt soviel wie ›klammerndes Umarmen‹. Keine Angst, so schlimm wird's nicht, Hug-Tack ist ein Fangspiel mit einer einfachen Regel: Die Person, die ein Kissen unterm Arm trägt, muß die anderen fangen. Die können nicht gefangen werden, wenn sie kurzfristig eine andere Person umarmen. Wer sich ohne Umarmung erwischen läßt, bekommt das Kissen und muß dann fangen.«

In den USA gibt es eine suchtpräventives Schlagwort, das auch als Aufkleber vielerorts zu sehen ist: »HUGS NOT DRUGS« (Umarmungen statt Drogen).

In diesem Sinne ist auch die Intention dieser Übung gedacht. Wer genügend Zuwendung bekommt, ist vor manchen Dingen geschützt. Auch ritualisiertes oder legitimiertes Umarmen kann genußvoll sein; motorischer Stau läßt sich gut abbauen, hinterher ist wieder Energie für anderes (z.B. kognitives Arbeiten) frei.

❏ *Erweiterung*: Spiel mit zwei oder drei Kissen.

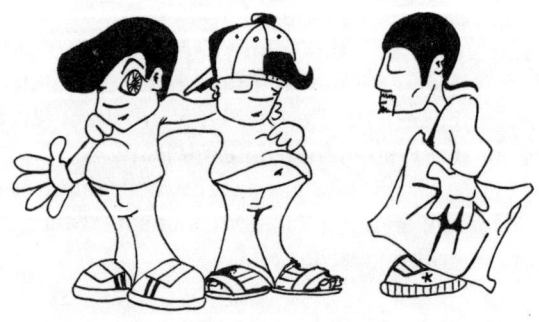

97. Familienkorrespondenz

Intention: Rollenwechsel ausprobieren; spielerisches, kreatives Schreiben
Lernfeld: Kreativität (Kreatives Schreiben), Verantwortung
Material: viele Zettel DIN A5, Illustriertenfotos von Menschen unterschiedlichen Alters, evtl. alternativ dazu Tarot-Karten

»Stellt euch einmal eine Familie vor, deren Mitglieder alle an verschiedenen Orten leben und die nur per Brief miteinander in Kontakt treten können. Zieht nach dem Zufallsprinzip ein Bild, auf dem ihr eine Person seht. Welche Rolle hat diese in der Familie? Gebt ihr einen Namen, und sucht euch drei Gruppenmitglieder, die mit euch eine Familie bilden könnten. Sucht euch einen Tisch, und beginnt, ohne miteinander zu reden, euch kurze Briefe zu schreiben. Beantwortet alle Post der Familienmitglieder, und laßt euch überraschen, was passiert.«

Das Bildmaterial erleichtert die Rollenidentifikation, der Schreibvorgang wird durch die Informationen der Briefe unterstützt. Jeder Beteiligte kann viel Phantasie, eigene Erlebnisse, Assoziationen oder Projektionen produzieren und so das eigene Rollenrepertoire erweitern. Das Vorlesen der Briefe ist oft sehr witzig und macht den Beteiligten entsprechend Spaß. Interessant ist das berühmte »Körnchen Wahrheit«, das in allen Rollensimulationen steckt (manchmal ist dies »Körnchen« auch ein »dicker Brocken«). Die BriefschreiberInnen bekommen so die Möglichkeit, sich selbst ein Stück zu entdecken.

98. Schildkrötengymnastik

Intention: Erlernen einer leichten Form von Massage
Lernfelder: Genuß, Verantwortung
Material: eine Decke pro 5–6 Teilnehmer

»Eine Person darf für die nächsten Minuten entspannen und genießen, vier oder fünf andere werden unter Anleitung zu Gymnastiklehrern. Wer mag anfangen? (...)

Die Übung wird Schildkrötengymnastik genannt. Da bei Schildkröten nur die Körperteile beweglich sind, die aus dem Panzer herausschauen, werden auch nur diese Teile eine spezielle Gymnastik bekommen. Die ›Schildkröte‹ liegt also auf dem Rücken auf einer Decke, sie darf die Augen schließen, und die Gymnastiklehrer kümmern sich jeweils um ein Bein, einen Arm oder den Kopf. Sie begrüßen die Schildkröte mit einem freundlichen Streicheln und heben dann ganz behutsam die Gliedmaßen und den Kopf. In Zeitlupe bewegen sie die einzelnen Glieder und achten auf die natürlichen Gelenkbeweglichkeiten. Das tut Schildkröten besonders gut, sie können sich schön entspannen dabei. (...) Wechselt, wenn ihr mögt.«

So langsam und vorsichtig die Bewegungen einer Schildkröte sind, so sollten auch die Bewegungshilfen ausgeführt werden. Gerade für die passiv Beteiligten ist es oft gar nicht so einfach, loszulassen und kurzfristig anderen die behutsame Kontrolle zu überlassen. Gegenseitiges Vertrauen wächst, gleichzeitig findet eine angenehme Verwöhnung statt.

99. Großer Rad(t)schlag

Intention: Ratschläge anderer sortieren, verwerfen, annehmen
Lernfelder: Orientierung, Verantwortung

»Manchmal gibt es Fragen oder Probleme, die man alleine nicht gelöst bekommt. Dafür ist eine Technik ganz hilfreich, die ich ›Großer Radschlag‹ nenne. Habt ihr schon einmal gesehen, wie ein Pfau sein Rad schlägt? Genauso bunt und vielfältig können eure Ratschläge, diesmal mit ›t‹ geschrieben, sein. Eine Person im Kreis stellt also dar, was sie bewegt, was sie nervt oder traurig macht, und alle anderen erzählen der Reihe nach ihre Idee oder Meinung zu dem Bericht. Die Person im Mittelpunkt des Ratschlages hört sich alles an, ohne zu kommentieren. Erst nach der letzten Äußerung benennt sie, welche Ideen, Kommentare und Ratschläge für sie besonders wertvoll waren.«

Es gibt eine Redensart, die heißt »Ratschläge sind auch Schläge«. Trotzdem sind diesmal Ratschläge erlaubt – vor allem, wenn sie so vielfältig sind und die Hauptperson für sich die passenden Impulse filtern und akzeptieren kann. Das Gefühl zu bekommen, mit einem bestimmten Problem nicht alleine dazustehen, sondern Aufmerksamkeit und Hilfe zu erfahren, kann eine wichtige suchtpräventive Funktion haben. Die Entscheidung zum nächsten Schritt muß die Person dann schon selbst treffen ...

❑ *Ergänzung*: Die Person in der Mitte läßt sich die Ratschläge auf kleinen Zetteln schriftlich geben, liest diese laut vor und sortiert nach vier Kriterien:
++ »Gute Idee, könnte passen, lohnt sich auszuprobieren!«
+ »Nicht schlecht, mal überlegen!«
o »Kann ich momentan nicht viel mit anfangen/da bin ich ambivalent!«
– »Kommt für mich nicht in Frage!«

❑ *Alternative*: Die Person in der Mitte (z.B. Claudia) hört sich an, was die anderen an ihrer Stelle machen würden. Diese beginnen ihren Satz mit den Worten »Ich als Claudia würde ...«.

Nachdem sie sich alles angehört und gegebenenfalls notiert hat, wählt sie aus und begründet, welche Fakten für ihre Entscheidung sprächen.

Weitere Anregungen zu einem kollegialen Beratungsmodell in Stufen finden sich in Priebe u.a. (1994).

5. Anhang

5.1 Die 99 Übungen (Stichwortliste)

Übungen zur Selbsterfahrung und Selbsterkenntnis

Übung	Wahr-nehmung	Krea-tivität	Genuß	Verant-wortung	Orientie-rung
1 Assoziationsübung				✓	✓
2 Drei Fragen zum Genuß				✓	✓
3 Blitzlicht	✓				
4 Name und Symbol		✓			✓
5 Muschelvielfalt	✓				✓
6 H0-Figur und Knetmasse		✓			✓
7 B.O.S.S.	✓	✓			✓
8 Der Griff zum Suchtmittel	✓	✓	✓		
9 Ein Brief für mich	✓	✓			✓
10 Schule gestern – Schule morgen		✓			✓
11 Collage: »Ich«		✓			✓
12 Suchtprävention ist …					✓
13 Werbung und Sehnsucht		✓			✓
14 Wenn – dann	✓				✓
15 Gestaltung meines Namens		✓		✓	✓
16 Tatort: Jetzt und später					✓
17 Angel-Cards	✓	✓			
18 Quasimodo	✓		✓		
19 Was ist mir wichtig?					✓
20 Flucht und Suche	✓			✓	✓
21 Daumen hoch	✓				✓
22 Wenn ich …, dann …	✓			✓	✓
23 Die Funktion des Suchtmittels	✓	✓	✓	✓	✓
24 Entweder – oder					✓
25 ICH und DU	✓	✓			✓
26 Zehn Gebote		✓			✓
27 Wertewandel					✓

Übung	Wahr-nehmung	Krea-tivität	Genuß	Verant-wortung	Orientie-rung
28 Vergangenheit – Gegenwart – Zukunf		✓			✓
29 Drei Lernsituationen		✓			✓
30 Ich bin ein A					✓
31 Werteklärungsprofil	✓				✓
32 Ich sehe – fühle – denke	✓				
33 Kreatives Schreiben		✓	✓	✓	
34 When I'm Sixty-Four		✓			✓
35 Meine Lebensziele		✓			✓
36 Das Lebensprofil					✓
37 Geschichte meines Namens					✓
38 Ich lehre, was ich bin	✓				✓
39 Zwei Minuten für den Körper	✓		✓		
40 Die 24-Stunden-Torte			✓		✓
41 Nein-Dialog		✓		✓	✓
42 Jetzt-Sätze	✓				
43 Mein Kind dürfte …			✓	✓	✓
44 Freizeittorte			✓		✓
45 Sucht-Collage		✓			✓
46 Vor der Sucht		✓			✓

Übungen zur Interaktion und Reflexion

Übung	Wahr-nehmung	Krea-tivität	Genuß	Verant-wortung	Orientie-rung
47 Die Stuhlreihe	✓				✓
48 Dialog ohne Worte	✓	✓		✓	
49 Ein Geschenk malen		✓		✓	
50 Wünsche auf meinem Rücken			✓	✓	✓
51 Lebendige Kamera		✓		✓	
52 Die Feedback-Karte			✓	✓	✓
53 Baum – Säge – Stein		✓	✓		✓
54 Aktives Zuhören				✓	✓
55 Die Rolle im Kopf				✓	✓
56 Suchtentwicklung					✓
57 Gesprächssimulation	✓				✓
58 Gemeinsam blind kneten	✓	✓		✓	
59 Abklopfen			✓	✓	
60 Gruppenfindung	✓				✓
61 Knoten lösen		✓		✓	
62 Lehrer, die wir hatten	✓				✓

Übung	Wahr-nehmung	Krea-tivität	Genuß	Verant-wortung	Orientie-rung
63 Was fehlt meinen Schülern (Jugendlichen)?	✓			✓	✓
64 Was kann süchtig machen? (»Suchtmittelkarussell«)					✓
65 Schule macht süchtig				✓	
66 Das (Suchtpräventions-)Spiel	✓	✓	✓	✓	✓
67 Angst (2 Minuten sprechen)	✓	✓			✓
68 Führen und führen lassen	✓			✓	
69 Bewegen und begrüßen	✓			✓	✓
70 Komplimente				✓	✓
71 Den anderen etwas Gutes tun	✓			✓	✓
72 Drei Eigenschaften	✓				✓
73 Männlich – weiblich	✓				✓
74 Das Klassenbild					✓
75 »Was, du rauchst (trinkst) nicht?«				✓	✓
76 »Männer sind nicht nur als Babys blau«				✓	✓
77 Die drei Musketiere			✓		✓
78 Massagediktat	✓		✓	✓	
79 Kim's Game beim Partner	✓				
80 Mit Deckeln bedecken	✓		✓	✓	
81 Wie Kinder genießen	✓	✓	✓		✓
82 Gemalter Kinderdialog		✓		✓	
83 Sucht wächst (W.E.K.S.D.)					✓
84 Der Kobold in der Raucherecke		✓			✓
85 Schule – Risiko oder Schutz?		✓			✓
86 Morgenkreis/Montagskreis/ Wochenabschlußkreis	✓			✓	
87 Rücken an Rücken		✓			
88 Haus – Baum – Hund	✓			✓	
89 Die Traumschule			✓	✓	✓
90 Zukunftswerkstatt				✓	✓
91 Abc der Institution	✓				✓
92 Parcours der Sinne	✓	✓			
93 Mein linker Platz	✓			✓	
94 Star der Woche				✓	✓
95 Die gute Tat		✓	✓	✓	
96 Hug-Tack		✓			
97 Familienkorrespondenz	✓			✓	
98 Schildkrötengymnastik			✓	✓	
99 Großer Rad(t)schlag				✓	✓

5.2 Literatur

Besonders praxisorientierte Veröffentlichungen wurden mit einem persönlichen Kommentar (☞ = Hinweis) versehen. Sie eignen sich gut für die Zusammenstellung eines Bibliothekshandapparates »Suchtprävention«.

Aktionsgemeinschaft Alkoholprävention in der Offenen Kinder- und Jugendarbeit: »Werkkoffer« Suchtvorbeugung in der Kinder- und Jugendarbeit. Hamm 1995 ☞ *Arbeitsheft, Begleitstudie Suchtprävention in der Offenen Kinder- und Jugendarbeit, Zeitung, Brettspiel*

Andreas-Siller, P.: Kinder und Alltagsdrogen. Suchtprävention in Kindergarten und Schule. Wuppertal 1991 ☞ *Viele Anregungen aus der Praxis für die Praxis, z.B. Texte, Lieder, Gedichte*

AOK-Bundesverband: Sucht hat viele Ursachen. Medienpakete zu den Suchtpräventionsbereichen Alkohol/Medikamente bzw. Drogenvermeidung. Remagen/Leipzig 1994 und 1995 ☞ *Medien- und Materialpakete zur Suchtprävention: Videofilm, Audiokassette, Bilder- und Übungssammlung*

Bartsch, N., Knigge-Illner, H.: Sucht und Erziehung. Band 1: Sucht und Schule, Band 2: Sucht und Jugendarbeit. Weinheim/Basel 1987 und 1988 ☞ *Standardwerke zum Thema Suchtprävention mit ausführlichen Beiträgen zu Theorie und Praxis*

Bastian, J. (Hg.): Suchtprävention und Schule. Hamburg 1992

Bäuerle, D.: Zur Zusammenarbeit von Lehrern und Eltern in der Suchtprävention. In: Kollehn/Weber 1985

BdE/Zentralstelle (Hg.) und AOK: Echter Rausch kommt von innen. Seminaranleitung. Geesthacht 1995 ☞ *Seminaranleitung für Schülermultiplikatoren*

Beck, J., Wellershoff, H.: SinnesWandel. Die Sinne und die Dinge im Unterricht. Frankfurt a.M. 1989

Becker, C./Kaufmann, H.: Suchtprävention und Elternarbeit. In: Bartsch/Knigge-Illner 1988

Berentzen, D.: Leben, das heißt Träume haben. In: Psychologie heute 9/1990

BIL (Berliner Institut für Lehrerfort- und Weiterbildung/ehemals Pädagogisches Zentrum) (Hg.): Bausteine zur Grundschulausstellung »Konstruktiv handeln«, Bausteine 1–4, Berlin 1994 ☞ *Begleithefte zu einer Ausstellung. Viele Anregungen und Übungen zum Thema Lernen mit allen Sinnen*

1.: Hagedorn, O.: Vom Ich-Heft zur bewußten Selbststeuerung
2.: Hagedorn, O.: Gefühle ausdrücken, erkennen, mitfühlen
3.: Müller, B.: Berühren, Kooperieren, Kämpfen
4.: Hagedorn, O.: Hilfe anbieten, annehmen, herbeiholen
BIL (Hg.): Kommunikation – Interaktion, Spiele zur Förderung von Kreativität und sozialer Kompetenz Heft 1–3. Autorinnen: Böttger, G./ Reich, A., Berlin 1995 ☛ *Übungs- und Spielesammlung*
Bilstein, E., Voigt-Rubio, A.: Ich lebe viel. Materialien zur Suchtprävention. Mülheim a.d.R. 1991 ☛ *Materialsammlung; viele Kopiervorlagen*
Brakhoff, J. (Hg.): Kinder von Suchtkranken. Situation, Prävention, Beratung und Therapie. Freiburg i.B. 1987
Bürmann, J.: Gestaltpädagogik und Persönlichkeitsentwicklung. Theoretische Grundlagen und praktische Ansätze eines persönlich bedeutsamen Lernens. Bad Heilbrunn 1992
Bundesministerium für Jugend und Familie (Österreich) (Hg.): ZuMutungen. Ein Leitfaden zur Suchtvorbeugung für Theorie und Praxis. Gedanken, Materialien und Konzepte für die präventive Jugendarbeit von Gerald Koller. Wien 1995 ☛ *Anschauliche Darstellung einer ressourcen- und motivorientierten Suchtprävention*
Bundeszentrale für gesundheitliche Aufklärung (BZgA): tagtäglich ... Eine Ausstellung zur Suchtprävention bei Jugendlichen. Begleit- und Arbeitsheft zu den gleichnamigen Displays für Jugendschutzwochen, Aktionswochen, Ausstellungen u.ä. Köln 1987 ☛ *Materialpaket zur Unterstützung einer Ausstellungsvorbereitung durch Jugendliche zu den Themen Probleme, Bedürfnisse, Träume, Wünsche*
dieselbe: Info-Set Jugend und Drogen. Köln 1988 ☛ *Informationsmappe zur Suchtprävention in der Jugendarbeit*
dieselbe: Fortschreibung der Expertise zur Primärprävention des Substanzmißbrauchs. Köln 1994
dieselbe (Hg.): Eßgewohnheiten. Materialien für 5.–10. Klassen. Stuttgart 1994 ☛ *Themenzentrierte Anregungen und Unterrichtsmaterialien, persönliche Kürzungen bzw. Modifizierungen notwendig; siehe auch die folgenden Publikationen*
dieselbe (Hg.): Thema: Arzneimittel. Unterrichtsmaterialien für die Grundschule (1.–4. Klasse). Stuttgart 1992
dieselbe (Hg.): Thema: Fernsehen. Unterrichtsmaterialien für die Grundschule (1.–4. Klasse). Stuttgart 1992
dieselbe (Hg.): Thema: Naschen. Unterrichtsmaterialien für die Grundschule (1.–4. Klasse). Stuttgart 1990.
dieselbe (Hg.): Thema: Nichtrauchen. Unterrichtsmaterialien für die 3.+4. Klasse der Grundschule. Stuttgart 1990.

dieselbe (Hg.): Sucht- und Drogenprävention. Materialien für das 5. –10. Schuljahr. Stuttgart 1994 ☞ *Unterrichtsanregungen und Materialsammlung*
dieselbe (Hg.): Handbuch Gesundheitsförderung und Erlebnispädagogik in der Jugendarbeit. Köln 1995 ☞ *Viele Beispiele von Projekten und Kampagnen*
Bockhofer, R.: »Christiane F.« – der Berliner Drogenreport. In: Bartsch/Knigge-Illner 1988 ☞ *Kritische Auseinandersetzung mit dem Einsatz des Drogenbestsellers*
Burow, O.-A, Neumann-Schönwetter, M.: Zukunftswerkstatt in Schule und Unterricht. Hamburg 1995 ☞ *Sammlung von Beiträgen zum Einsatz von Zukunftswerkstätten in der Pädagogik*
Burow, O.-A., Kaufmann, H. (Hg.): Gestaltpädagogik in Praxis und Diskussion. (Hochschule der Künste), Berlin 1991 ☞ *Sammlung von Aufsätzen; die praxisorientierten Beiträge bieten gute Beispiele für suchtmittel-unspezifische Prävention*
Burow, O.-A., Quitmann, H., Rubeau, M.P.: Gestaltpädagogik in der Praxis. Unterrichtsbeispiele und spielerische Übungen für den Schulalltag. Salzburg 1987 ☞ *Viele brauchbare Anregungen für die Bereiche Persönlichkeitsentwicklung, Wahrnehmung, Kontakt*
Burow, O.-A., Scherpp, K.: Lernziel Menschlichkeit Gestaltpädagogik – eine Chance für Schule und Erziehung. München 1981 ☞ *Einführung in Theorie und Praxis der Gestaltpädagogik*
Dennison, G. Dennison, P.: EK für Kinder. Das Handbuch der Edu-Kinestetik für Eltern, Lehrer und Kinder jeden Alters. Freiburg 1991
Der Senator für Jugend und Familie, der Landesdrogenbeauftragte (Hg.): Suchtprophylaxe, Bestandsaufnahme, Perspektiven. Berlin 1988
Ebert, W.: Kreativität und Kunstpädagogik. Schriften zur Theorie und Praxis der Kunstpädagogik. Ratingen/Kastellaun/Düsseldorf 1973
Ehrlich, M., Vopel, K.: Wege des Staunens. Übungen für die rechte Hemisphäre. Teil 1: Kreatives Schreiben, Teil 2: Malen und Formen. Hamburg 1985 ☞ *Eine der zahlreichen Übungssammlungen, die von K. Vopel herausgegeben wurden; in allen Bänden Vopels sind brauchbare Anregungen für suchtpräventive Interaktionen (Wahrnehmung, Kontakt, Entspannung, Kreative Medien) zu finden*
Engel, A., Orlopp, G.: Projekt »Alles Banane« – Popkultur und Suchtprävention. In: Bartsch/Knigge-Illner 1988 ☞ *Berliner Beispiel suchtpräventiver Projektarbeit mit Jugendlichen*
Feser, H.(Hg.): Drogenerziehung. Handbuch für pädagogische und soziale Berufe, Eltern, Studenten. Langenau-Albeck 1981 ☞ *Standardwerk der Suchtprävention (»Drogenerziehung«) der frühen achziger Jahre*

Fritsche, J.: Schreibwerkstatt. Geschichten und Gedichte: Schreibaufgaben, -übungen, -spiele. Stuttgart 1989 ☛ *35 Aufgaben und Spiele als Hinführung zum kreativen Schreiben*

Grotemeyer, K.P. u. Ministerpräsident Nordrhein-Westfalens (Hg): Zukunft der Bildung – Schule der Zukunft. Neuwied 1995 ☛ *Denkschrift der NRW-Zukunftskommission; Anstöße für eine Reformdiskussion über eine entwicklungsoffene Gestaltung des Bildungswesens*

Gudjons, H.: Praxis der Interaktionserziehung. 180 Übungen und Spiele zum Gruppentraining in Schule, Jugendarbeit und Erwachsenenbildung. Bad Heilbrunn 1978 ☛ *Fundgrube für Interaktionsübungen*

Hagedorn, O.: Unterrichtsideen: Konfliktlotsen. Fächerverbindendes Unterrichtsmaterial. Stuttgart 1994 ☛ *Sammlung von Ideen und Übungen zur Konfliktlösung in der Schule für SchülerInnen und LehrerInnen*

Hamburg-Münchener Ersatzkasse, BZgA: Alltagsdrogen und Rauschmittel. Hamburg/Bonn 1980

Heckmann, W.:»Wir Kinder vom Bahnhof Zoo« als Unterrichtsthema? In: Medien 4/5, 1982/83 ☛ *Kritische Auseinandersetzung mit dem Medieneinsatz des Drogenbestsellers in der Schule*

Heckmann, W.: Therapie der Drogenabhängigkeit. In: Bartsch/Knigge-Illner 1988

Herrmann, K., Rieck, H.: Wir Kinder vom Bahnhof Zoo. Hamburg 1978

Hesse, S.: Suchtprävention in der Schule. Opladen 1993 ☛ *Forschungsbericht, nicht als praktische Anregung für den Schulalltag zu benutzen*

Höper, M.: Die Möglichkeit des Andersseins – Maskenbau und Maskenspiel (7. Klasse). In: Burow/Kaufmann 1991 ☛ *Maskenarbeit als Unterrichtsbeispiel für Persönlichkeitsentwicklung*

Huhn, G.: Kreativität und Schule. Risiken derzeitiger Lehrpläne für die freie Entfaltung der Kinder. Berlin 1990

Hurrelmann, K.: Familienstreß, Schulstreß, Freizeitstreß. Gesundheitsförderung für Kinder und Jugendliche. Weinheim 1990

Hurrelmann, K., Hesse, S.: Drogenkonsum als problematische Form der Lebensbewältigung im Jugendalter. In: Sucht 4/1991

Jack, U., Steindl, A.: Eine Auseinandersetzung mit dem Schreiben – Lesen – Vorlesen – Zuhören aus gestaltpädagogischer Sicht. In: Burow/Kaufmann 1991

Jordan, C., Rieder, E.: Ein Kollegium macht Ernst. Suchtprävention in der Schule. In: Praxis Schule 5–10, Heft 3/1994 ☛ *Praxisbericht über das suchtpräventive Engagement einer Frankfurter Oberschule; Themenschwerpunkt des gesamten Heftes: Suchtprävention in der Schule; Aufsatzsammlung mit praktischen und theoretischen Beiträgen*

Jungk, R./Müllert, N.R.: Zukunftswerkstätten. Mit Phantasie gegen Routine und Resignation. München 1989

Kastner, P., Silbereisen, R.: Die Funktion von Drogen in der Entwicklung Jugendlicher. In: Bartsch/Knigge-Illner 1988 ☞ *Grundlageninformation (Forschungsergebnisse) über die Normalität des Suchtmittelgebrauchs in der Jugendentwicklung*

Kaufmann, H.: »Herr Ober, die Hausaufgaben bitte.« Eine Lernwerkstatt für Klassensprecher. In: Pädagogik 6/1992 ☞ *Beispiel einer Zukunftswerkstatt zur verantwortlichen Gestaltung des Lernumfeldes*

Kaufmann, H.: Suchtprophylaxe in der Schule – Gestaltpädagogische Ansätze in der LehrerInnenausbildung. In: Burow/Kaufmann 1991

Kindermann, W.: Drogen: Abhängigkeit, Mißbrauch, Therapie; ein Handbuch für Eltern und Erzieher. München 1991 ☞ *Gut zu lesende Einführung in o.g. Thema; empfehlenswert für Eltern, die sich informieren möchten, was alles passieren kann*

Kollehn, K., Weber, N.H.: Der drogengefährdete Schüler. Düsseldorf 1985 ☞ *Praxisberichte suchtpräventiver Arbeit*

Kühn, B., Muth, C.: Bodyfeeling im Verein – Und es sieht nicht geturnt aus. Sportjugend Berlin 1991 ☞ *Körperwahrnehmung in der Jugendarbeit*

Leibold, S.: Gesundheitstraining mit Lehrerinnen und Lehrern: Führen und Folgen. In: Suchtreport 4/1995 ☞ *Bericht über die Erfahrungen mit einem Trainingsprogramm (nach Simonton) für LehrerInnen für Suchtprävention*

Lück, E.: Theater aus der Hosentasche. Lichtenau 1991 ☞ *AOL-Hosentaschenbuch für Übungen aus der Theaterpädagogik (Stegreiftheater)*

Manteufel, E., Seeger, N.: Selbsterfahrung mit Kindern und Jugendlichen. Ein Praxisbuch. München 1992 ☞ *Sammlung von Erfahrungen und Übungen zum o.g.Thema aus der Arbeit mit Krankenhauskindern*

Meyer, E. (Hg.): Burnout und Streß. Praxismodelle zur Bewältigung. Baltmannsweiler 1991 ☞ *Vermeidung von Burnout und Streß als Suchtprävention für PädagogInnen*

Musik und Unterricht, Heft 27/1994: Musik als Droge ☞ *Unterrichtsbeispiele aus der Sekundarstufe I und II, Musikunterricht und Suchtprävention*

Oberhuber, M., Herzog, R., Witte, W.: »Liebe und Sucht« – ein Medienprojekt. In: Bartsch/Knigge-Illner 1988 ☞ *Projektbericht aus der Jugendarbeit*

Oerter, R., Montada, L. (Hg.): Entwicklungspsychologie. Ein Lehrbuch. München/Weinheim 1987

Pädagogik, Heft 6/1989: Lehrerbelastung – Burnout

Pädagogik, Heft 12/1989: Drogen und Schule

Pädagogik, Heft 6/1992: Mit Phantasie und Kreativität. Lernen in Zukunftswerkstätten

Penkert, W.: Einführung in die Fachtagung. In: Senatsverwaltung für Jugend und Familie. Der Landesdrogenbeauftragte (Hg.): Offensive Suchtprophylaxe. Wegweiser für einen Balanceakt. Dokumentation der Fachtagung 1991. Berlin 1992

Preuschoff, A., Preuschoff, G.: Gewalt an Schulen. Und was dagegen zu tun ist. Köln 1992 ☛ *Beispiele von praktischer Gewaltprävention, große Nähe zur Suchtprävention*

Priebe, B. u.a.: Sucht- und Drogenvorbeugung mit Kindern und Jugendlichen in Elternhaus und Schule. Weinheim/Berlin 1994 ☛ *Grundlagen der Suchtvorbeugung mit dem Schwerpunkt Beratung*

Rieck, A., Schmejkal, M.: Christiane F., Informationen aus suchtprophylaktischer Sicht. Pädagogisches Zentrum Berlin, Referat Ganztagsschule/Außerunterrichtlicher Bereich. Berlin 1979

Scala, E. (Hg.): Das Modellschul-Buch. Graz 1990 ☛ *Praxisbericht einer gestaltpädagogischen Schule in Österreich, positive Beispiele für persönliches Wachstum durch Veränderung des Lernumfeldes*

Schäppi, M.: Familiäre Lebensphasen, generationsübergreifende Aspekte, insbesondere die der Frau. In: Brakhoff 1987

Schlottenloher, G.: Kunst- und Gestaltungstherapie. Eine praktische Einführung. München 1989 ☛ *Grundlagen für die pädagogische und/oder therapeutische Arbeit; viele praktische Beispiele*

Schönherr, U.: Möglichkeiten der Früherkennung von Suchtgefährdung. In: Senatorin für Jugend und Familie, der Drogenbeauftragte (Hg.): Suchtprophylaxe, Bestandsaufnahme, Perspektiven. Berlin 1991

Schüler, Chr.: »... Mir war ein komisches Gefühl. Ich kriegte eine Gänsehaut« – Kreatives Schreiben und Musik (1. u. 2. Klasse). In: Burow/Kaufmann 1991

»Schulsucht«, Zeitung des Projekts für Suchtprävention an Schulen. Bezirksteam Kreuzberg (Hg.). Berlin 1988, 1989, 1991 ☛ *Praxisberichte schulischer Suchtprävention durch LehrerInnen und externe Fachleute*

Schulz von Thun, F.: Miteinander reden. Störungen und Klärungen. Hamburg 1994 ☛ *Möglichkeiten der Konfliktlösung durch Gesprächsführung*

Sekretariat der Ständigen Konferenz der Kultusminister in der Bundesrepublik Deutschland: Sucht- und Drogenprävention in der Schule. (Beschluß der Kultusministerkonferenz vom 3.7.1990.)

Senatsverwaltung für Jugend und Familie. Der Landesdrogenbeauftragte (Hg.): Suchtprophylaxe. Bestandsaufnahme. Perspektiven. Berlin 1988

Senatsverwaltung für Jugend und Familie. Der Landesdrogenbeauftragte (Hg.): Über alle Maßen. Dokumentation der Fachtagung und des Jugendkulturprojekts 1992. Berlin 1993

Senatsverwaltung für Schule, Berufsbildung und Sport/AOK: Schule in Bewegung. Berlin 1994 ☛ *Beispiele und Übungen zum Thema Gesundheitserziehung und Körperwahrnehmung*

Sikora, J.: Die neuen Kreativitätstechniken. München 1972

Sozià-Verlag (Hg.): Arbeitsmappe »Ganzheitlich orientierte Suchtprävention für Kinder in der Grundschule«. Freiburg 1996 ☛ *Materialsammlung für die Grundschule, in Schulen Baden-Württembergs erprobt, entstanden aus der Kindergartenarbeit*

Stevens, J.O.: Die Kunst der Wahrnehmung. Übungen der Gestalttherapie. München 1980 ☛ *Praktische Beispiele zur Schulung der Selbst- und Fremdwahrnehmung im therapeutischen Setting*

Suchtpräventionsstelle Zürich (Hg.): Sucht – Drogen – Prävention. Materialien für das 6.–9. Schuljahr. Zürich 1995

Suchtreport. Europäische Fachzeitschrift für Suchtprobleme

Tausch, R.: Förderlicher Umgang mit seelisch-körperlichen Streß-Belastungen – Möglichkeiten für Erwachsene und Jugendliche. In: Meyer, 1991

Thanhoffer, M., Reichel, R., Rabenstein, R.: Kreativ unterrichten – Möglichkeiten ganzheitlichen Lernens. Münster 1992 ☛ *Sammlung anregender Beispiele, Schule menschlicher zu gestalten*

Thiesen, P.: Drauflosspieltheater. Ein Spiel- und Ideenbuch für Kindergruppen, Hort, Schule, Jugendarbeit und Erwachsenenbildung – mit 350 Spielanregungen. Weinheim/Basel 1990 ☛ *Sammlung von Anregungen für das personale, figurale und technisch-mediale Spiel*

Thiesen, P.: Freche Spiele. Starke Spielideen gegen Frust und Lustverlust in Schule, Jugendarbeit und Erwachsenenbildung. Weinheim/Basel 1994 ☛ *Sammlung von Übungen aus der Spiel- und Erlebnispädagogik*

Tossmann, H. P.: Die Bedeutung von Drogenkonsum für Jugendliche und für die Jugendentwicklung. In: Senatsverwaltung für Jugend und Familie (Hg.) 1993

Tossmann, H. P. (Hg.): Praxishilfen Schule. Gesundheitsförderung in der Grundstufe. Neuwied/Kriftel/Berlin 1995 ☛ *Aufsatzsammlung mit praktischen Unterrichtsbeispielen suchtpräventiver Arbeit*

Vester, F.: Denken, Lernen, Vergessen. München 1978

Vogt, I.: Jugendlicher Drogenkonsum und Präventionsmaßnahmen – Wie wichtig sind Drogencurricula? In: Neue Praxis 3/1978

Voigt-Rubio, A.: Suchtvorbeugung in der Schule – mal ganz anders. Erlebnisorientierte Übungen ab 12. Lichtenau 1990 ☛ *AOL-Hosentaschenbuch, Übungssammlung für die Sekundarstufe*

Vopel, K.W.: Anwärmspiele. Experimente für Lern- und Arbeitsgruppen. Salzhausen 1992 ☛ *Sammlung körperorientierter Übungen zum Einstieg in Gruppenarbeit*

Vopel, K.W.: Interaktionsspiele für Jugendliche. Affektives Lernen für 12- bis 21jährige. Teil 1–4. Hamburg 1992 ☞ *Große Übungssammlung zur spielerischen Unterstützung verschiedenster pädagogischer Intentionen*
Vorsorge-Initiative (Hg): Was tun gegen Sucht. 7 Vorschläge für Eltern und Erzieher. Frankfurt a.M. 1993 ☞ *Broschüre der Aktion Sorgenkind, allgemeine Einführung zum Thema Suchtprävention und Erziehung, Vorschläge und Denkanstöße ohne »pädagogischem Zeigefinger«*
Werder, L. von: Lehrbuch des Kreativen Schreibens. Berlin 1990
Walker, J.: Gewaltfreie Konfliktlösung im Klassenzimmer. Pädagogisches Zentrum Berlin 1991 ☞ *Übungssammlung zur Gewaltprävention*
Walker, J.: Konstruktive Konfliktbehandlung im Klassenzimmer. Heft 2 und 3. (Pädagogisches Zentrum) Berlin 1992 ☞ *Übungssammlung zur Gewaltprävention*
Winschermann, M.: Es gibt kein Lernen ohne Gefühle: Gestaltpädagogik. In Buddrus, V. (Hg.): Die »verborgenen« Gefühle in der Pädagogik. Baltmannsweiler 1992
Witte, W.: Akzeptierende Drogenarbeit: Prävention in der Krise? In: SOZIAL EXTRA, Mai 1994
Zeuner, S.: Ich bin höflich, du bist mutig, er ist witzig. Gestaltpädagogische Praxis in der Hauptschule. In: päd. extra 12/1983

5.3 Adressen

Bundeszentrale für gesundheitliche Aufklärung (BZgA)

Ostmerheimer Str. 200
51109 Köln

Bietet:
- ❏ Adressen von regionalen Beratungsstellen
- ❏ Telefonservice (0221 892031)
- ❏ Materialien zur Suchtprävention
- ❏ Jugendbroschürenreihe zur Suchtprävention

Deutsche Hauptstelle gegen die Suchtgefahren (DHS) e.V

Westring 2
59065 Hamm

Bietet:
- ❏ Herausgabe des Jahrbuches Sucht
- ❏ Information über Beratungsstellen (siehe auch die jeweiligen Landesstellen)
- ❏ Information über themenorientierte Veranstaltungen

Die Landesbeauftragten für Sucht bzw. Drogen

Adressen im jeweiligen Telefonbuch oder über die DHS (s.o.)
Abteilungen, Referate bzw. Büros für Suchtprävention

Bieten: ❑ Adressen, Informationen über Kooperationspartner, Beratungsstellen und Fortbildungsstellen

Die Fortbildungsinstitute der Bundesländer und Landeskirchen

Die Adressen der Landesinstitute und Akademien für Fortbildung im kirchlichen, Jugend- bzw. Schulbereich lassen sich über die jeweiligen Landeskirchen/Ministerien/Senatsverwaltungen erfragen oder sind in den Telefonbüchern zu finden.

Bieten: ❑ kostenlose Fortbildungsveranstaltungen zur Suchtprävention, Beurlaubungen hierfür sind abhängig von der jeweiligen Arbeits- oder Finanzsituation der Institution (Vertretungsmittel), sonst über das Bildungsurlaubsrecht geregelt

Österreich:

Bundesministerium für Jugend und Familie

Abt. I/4 – Jugend
Franz-Josefs-Kai 51
A-1010 Wien

Bundesministerium für Unterricht und kulturelle Angelegenheiten

Minoritenplatz 5
A-1014 Wien

Bieten: ❑ Informationen über Fortbildungsmöglichkeiten
❑ Materialien zur Suchtprävention

Schweiz:

Suchtpräventionsstelle der Stadt Zürich

Röntgenstr. 44
CH-8005 Zürich

Bietet: ❑ Bestellliste für Materialien zur Suchtprävention, z.B. Poster, Postkarten, Kalender, Unterrichtsmaterialien, Broschüren, Dokumentation einer Medienkampagne